总主编/艾四林

《自然辩证法》导读

（增订版）

肖广岭◎编著

中国民主法制出版社
研究出版社
2018年·北京

图书在版编目 (CIP) 数据

《自然辩证法》导读 / 肖广岭编著 . -- 增订本 . --
北京 : 中国民主法制出版社 , 2018.6
ISBN 978-7-5162-1815-0

Ⅰ . ①自… Ⅱ . ①肖… Ⅲ . ①《自然辩证法》– 恩格
斯著作研究 Ⅳ . ① A811.24

中国版本图书馆 CIP 数据核字 (2018) 第 101994 号

图书出品人 / 刘海涛
出 版 统 筹 / 赵卜慧　乔先彪
责 任 编 辑 / 刘春雨

书名 / 《自然辩证法》导读（增订版）
作者 / 肖广岭　编著

出版 · 发行 / 中国民主法制出版社
地址 / 北京市丰台区右安门外玉林里 7 号（100069）
电话 / 010-63292534　63057714（发行中心）　63055259（总编室）
传真 / 010-63292534
Http: //www.npcpub.com
E-mail: mzfz@npcpub.com
经销 / 新华书店
开本 / 16 开　787 毫米 × 1092 毫米
印张 / 11.5
字数 / 128 千字
版本 / 2018 年 6 月第 2 版　　2018 年 6 月第 1 次印刷
印刷 / 北京中兴印刷有限公司

书号 / ISBN 978-7-5162-1815-0
定价 / 29.00 元

总 序

读经典　提高马克思主义理论素养

艾四林

中央马克思主义理论研究和建设工程《马克思主义发展史》课题组首席专家

教育部高校研究生思想政治理论课分指导委员会副主任委员

教育部人文社会科学重点研究基地清华大学高校德育研究中心主任

清华大学马克思主义学院院长

加强马克思主义经典著作的学习，提高广大党员干部的马克思主义理论素养，是建设马克思主义学习型政党的重要任务。马克思主义经典著作蕴含和集中体现着马克思主义基本原理，是马克思主义理论的本源和基础。重视学习马克思主义经典著作，是我们党的优良传统。在新形势下，广大党员干部学习马克思主义经典著作，不仅有助于系统掌握马克思主义基本原理，增强马克思主义信仰，也有助于从源头上完整准确地理解中国特色社会主义理论体系。在实际工作中，广大党员干部要把掌握马克思主义理论作为看家本领，善于运用马克思主义的立场观点方法来分析和解决改革开放和现代化建设中的实际问题。

青年是国家的希望，民族的未来。高校思想政治理论课承担着对大学生进行系统的马克思主义理论教育的任务，在把大学生培养成中国特色社会主义的建设者和接班人方面承担着不可替代的作用。在本科生的思想政治理论课课程体系中，虽然没有马克思主义经典导读这样的必修课程，但教师一般会推荐马克思主义经典著作作为必读书目，要求学生课下阅读，以加深大学生对马克思主义基本原理和中国化马克思主义的理解和认识。在目前的研究生思想政治理论课课程体系中，“马克思主义经典著作导读”就是其中的一门重要课程。特别是，对于全国马克思主义理论专业的研究生来说，“马克思主义原著研读”更是其必修的核心课程。因而，使青年学生拥有一套学习马克思主义经典的导读性著作，一直是我们着力探索的重要教学科研任务。

有鉴于此，我们特邀一些高校从事马克思主义理论教学和研究的学者，对精心挑选的马克思主义发展史上的一些经典文献进行导读，并分批陆续出版。在编写中，我们强调导读著作风格的通俗性和文风的可读性，要求每本导读著作的字数控制在十万字左右（个别除外），使之介于大部头研究专著和合集之间。目前，马克思主义经典的导读性著作的撰写，主要有如下两种形式：一种是把每一本马克思主义经典的导读写成一本大部头的专著，一种是把若干马克思主义经典分章节加以介绍，然后汇成一本合集。相对来讲，前者的优势是研究精深、学术性强，其体例和风格主要适合专家学者，但相对于党政干部和青年学生而言，则显得有些深奥，往往会让读者产生畏难情绪；后者的优势是比较集中、简明扼要，但内容较为单薄，往往会使读者感觉不解渴。因此，我们这套丛书试图寻找更为合适的体例和风格，兼收上述两类导读著作的优点，从而起到积极的探索的作用。

我们衷心希望这套丛书有助于广大党政干部和青年学生对马克思主义理论的学习，为推进马克思主义大众化作出一点我们应有的贡献。

2015 年 5 月 5 日

目录

CONTENTS

《自然辩证法》(节选)*

---

* 版本选自《马克思恩格斯文集》第 9 卷，第 408 页—第 426 页、第 442 页—第 453 页、第 513 页—第 530 页、第 550 页—第 563 页。

［导　　言］

现代的自然研究不同于古代人的天才的自然哲学的直觉，也不同于阿拉伯人的非常重要的、但是零散的并且大部分都无果而终的发现，它是唯一得到科学的、系统的、全面的发展的自然研究——现代的自然研究同整个近代史一样，发端于这样一个伟大的时代，这个时代，我们德国人根据我们当时所遭遇的民族不幸称之为宗教改革，法国人称之为文艺复兴，而意大利人则称之为16世纪，但这些名称没有一个能把这个时代充分地表达出来。这个时代是从15世纪下半叶开始的。王权依靠市民摧毁了封建贵族的权力，建立了巨大的、实质上以民族为基础的君主国，而现代的欧洲国家和现代的资产阶级社会就在这种君主国里发展起来；当市民和贵族还在互相争斗时，德国农民战争就预告了未来的阶级斗争，因为德国农民战争不仅把起义的农民引上了舞台——这已经不是什么新鲜事了——，而且在农民之后，把现代无产阶级的先驱也引上了舞台，他们手持红旗，高喊财产公有的要求。拜占庭灭亡时抢救出来的手稿，罗马废墟中发掘出来的古代雕像，在惊讶的西方面前展示了一个新世界——希腊古代；在它的光辉的形象面前，中世纪的幽灵消逝了；意大利出现了出人意料的艺术繁荣，这种艺术繁荣好像是古典古代的反照，以后就再也不曾达到过。在意大利、法国、德国都产生了新的文学，即最初的现代文学；英国和西班牙跟着很快进入了自己的古典文学时代。旧世界的界限被打破了；直到这个时候才真正发现了地球，奠定了以后的世界贸易以及从手工业过渡到工场手工业的基础，而工场手工业则构成现代大工业的起点。教会的精神独裁被摧毁了，日耳曼语各民族大部分都直截了当地抛弃了它，接受了新教，同时，在罗曼语各民族那里，一种从阿拉伯人那里吸收过来并从新发现的希腊哲学那里得到营养的开朗的自由思想，越来越深地扎下了根，为 18 世纪的唯物主义作了准备。

这是人类以往从来没有经历过的一次最伟大的、进步的变革，是一个需要巨人并且产生了巨人的时代，那是一些在思维能力、激情和性格方面，在多才多艺和学识渊博方面的巨人。给资产阶级的现代统治打下基础的人物，决没有市民局限性。相反，这些人物都不同程度地体现了那种勇于冒险的时代特征。那时，几乎没有一个著名人物不曾作过长途的旅行，不会说四五种语言，不在好几个专业上放射出光芒。莱奥纳多·达·芬奇不仅是大画家，而且也是大数学家、力学家和工程师，他在物理学的各种不同分支中都有重要的发现。阿尔布雷希特·丢勒是画家、铜版雕刻家、雕塑家、建筑师，此外还发明了一种筑城学体系，这种筑城学体系已经包含了一些在很久以后又被蒙塔朗贝尔和近代德国筑城学采用的观念。马基雅弗利是政治家、历史编纂学家、诗人，同时又是第一个值得一提的近代军事著作家。路德不但清扫了教会这个奥吉亚斯的牛圈，而且也清扫了德国语言这个奥吉亚斯的牛圈，创造了现代德国散文，并且创作了成为 16 世纪《马赛曲》的充满胜利信心的赞美诗的词和曲。那个时代的英雄们还没有成为分工的奴隶，而分工所产生的限制人的、使人片面化的影响，在他们的后继者那里我们是常常看到的。而尤其突出的是，他们几乎全都置身于时代运动中，在实际斗争中意气风发，站在这一方面或那一方面进行斗争，有人用舌和笔，有人用剑，有些人则两者并用。因此他们具有成为全面的人的那种性格上的丰富和力量。书斋里的学者是例外：他们不是二流或三流的人物，就是唯恐烧着自己手指的小心翼翼的庸人。

自然研究当时也在普遍的革命中发展着，而且它本身就是彻底革命的，因为它必须为争取自己的生存权利而斗争。自然研究同开创了近代哲学的意大利伟大人物携手并进，并使自己的殉道者被送到火刑场和宗教裁判所的牢狱。值得注意的是，新教徒在迫害自由的自然研究方面超过了天主教徒。塞尔维特正要发现血液循环过程的时候，加尔文便烧死了他，而且还活活地把他烤了两个钟头；而宗教裁判所则只是满足于直截了当地烧死乔尔丹诺·布鲁诺。

自然研究通过一个革命行动宣布了自己的独立，仿佛重演了路德焚毁教谕的行动，这个革命行动就是哥白尼那本不朽著作的出版，他用这本著作向自然事物方面的教会权威提出了挑战，虽然他当时还有些胆怯，而且可以说直到临终之际才采取了这一行动。从此自然研究便开始从神学中解放出来，尽管彼此间一些不同主张的争论一直延续到现在，而且在许多人的头脑中还远没有得到解决。但是科学的发展从此便大踏步地前进，而且很有力量，可以说同从其出发点起的（时间）距离的平方成正比。这种发展仿佛要向世界证明：从此以后，对有机物的最高产物即人的精神起作用的，是一种和无机物的运动规律正好相反的运动规律。

在自然科学的这一刚刚开始的最初时期，主要工作是掌握现有的材料。在大多数领域中必须完全从头做起。古代留传下欧几里得几何学和托勒密太阳系，阿拉伯人留传下十进位制、代数学的发端、现代的数字和炼金术；基督教的中世纪什么也没有留下。在这种情况下，占首要地位的必然是最基本的自然科学，即关于地球上的物体和天体的力学，和它靠近并且为它服务的，是一些数学方法的发现和完善化。在这方面已取得了一些伟大的成就。在以牛顿和林耐为标志的这一时期末，我们见到这些科学部门在某种程度上已臻完成。最重要的数学方法基本上被确立了；主要由笛卡儿确立了解析几何，耐普尔确立了对数，莱布尼茨，也许还有牛顿确立了微积分。

固体力学也是一样，它的主要规律彻底弄清楚了。最后，在太阳系的天文学中，开普勒发现了行星运动的规律，而牛顿则从物质的普遍运动规律的角度对这些规律进行了概括。自然科学的其他部门甚至离这种初步的完成还很远。液体和气体的力学只是在这个时期末才有了更多的研究。如果把光学当做例外，那么本来意义上的物理学在当时还没有超出最初的阶段，而光学取得例外的进步是由于天文学的实践需要。化学刚刚借助燃素说从炼金术中解放出来。地质学还没有超出矿物学的胚胎阶段；因此古生物学还完全不可能存在。最后，在生物学领域内，人们主要还是从事搜集和初步整理大量的材料，不仅是植物学和动物学的材料，而且还有解剖学和本来意义上的生理学的材料。至于对各种生命形态的相互比较，对它们的地理分布以及对它们在气候学等方面的生活条件的研究，则还几乎谈不上。在这里，只有植物学和动物学由于林耐而接近完成。

然而，这个时期的突出特征是形成了一种独特的总观点，其核心就是**自然界绝对不变**的看法。不管自然界本身是怎样产生的，只要它一旦存在，那么它在存在的时候就总是这个样子。行星及其卫星，一旦由于神秘的“第一推动”而运动起来，它们便依照预定的椭圆轨道旋转下去，永不停息，或者一直旋转到万物的末日。恒星永远固定不动地停留在自己的位置上，凭着“万有引力”而互相保持这种位置。地球亘古以来或者从它被创造的那天起（不管是哪一种说法）就一成不变地总是保持原来的样子。现在的“五大洲”早就存在着，它们始终有同样的山岭、山谷和河流，同样的气候，同样的植物区系和动物区系，而这些植物区系和动物区系只有经过人手才发生变化或移植。植物和动物的种，一旦形成便永远固定下来，原来是什么样，所产生的东西仍是什么样，而当林耐承认通过杂交有时可能育出新种的时候，这已经是作出很大的让步了。与在时间上发展着的人类历史不同，自然界的历史被认为只是在空间中扩张着。自然界中的任何变化、任何发展都被否定了。开初那样革命的自然科学，突然面对着一个彻头彻尾保守的自然界，在这个自然界中，今天的一切都和一开始的时候一模一样，而且直到世界末日或万古永世，一切都仍将和一开始的时候一模一样。

18 世纪上半叶的自然科学在知识上，甚至在材料的整理上大大超过了希腊古代，但是在以观念形式把握这些材料上，在一般的自然观上却大大低于希腊古代。在希腊哲学家看来，世界在本质上是某种从混沌中产生出来的东西，是某种发展起来的东西、某种生成的东西。在我们所探讨的这个时期的自然科学家看来，世界却是某种僵化的东西、某种不变的东西，而在他们中的大多数人看来，是某种一下子就造成的东西。科学还深深地禁锢在神学之中。它到处寻找，并且找到了一种不能从自然界本身来解释的外来的推动作为最后的原因。如果牛顿所夸张地命名为万有引力的吸引被当做物质的本质特性，那么开初造成行星轨道的未经说明的切线力又是从哪里来的呢？植物和动物的无数的种是如何产生的呢？而早已确证并非亘古就存在的人类最初是如何产生的呢？对于这些问题，自然科学往往只能以万物的创造者对此负责来回答。哥白尼在这一时期之初向神学下了挑战书；牛顿却以神的第一推动这一假设结束了这个时期。这时的自然科学所达到的最高的普遍的思想，是关于自然界的安排的合目的性的思想，是浅薄的沃尔弗式的目的论，根据这种理论，猫被创造出来是为了吃老鼠，老鼠被创造出来是为了给猫吃，而整个自然界被创造出来是为了证明造物主的智慧。当时的哲学博得的最高荣誉就是：它没有被同时代的自然知识的狭隘状况引入迷途，它——从斯宾诺莎一直到伟大的法国唯物主义者——坚持从世界本身来说明世界，并把细节的证明留给未来的自然科学。

我把 18 世纪的唯物主义者也算入这个时期，因为除了上面所叙述的，再也没有其他的自然科学材料可供他们利用。康德的划时代的著作对于他们依然是一个秘密，而拉普拉斯在他们以后很久才出现。我们不要忘记：这种陈旧的自然观，虽然由于科学的进步而显得漏洞百出，但是它仍然统治了 19 世纪的整个上半叶，并且一直到现在，所有学校里主要还在讲授它。

在这种僵化的自然观上打开第一个突破口的，不是一位自然科学家，而是一位哲学家。1755 年，**康德的**《自然通史和天体论》出版。关于第一推动的问题被排除了；地球和整个太阳系表现为某种在时间的进程中**生成的东西**。如果大多数自然科学家对于思维并不像牛顿在“物理学，当心形而上学啊！”这个警告中那样表现出厌恶，那么他们一定会从康德的这个天才发现中得出结论，从而避免无穷无尽的弯路，省去在错误方向上浪费的无法估算的时间和劳动，因为在康德的发现中包含着一切继续进步的起点。如果地球是某种生成的东西，那么它现在的地质的、地理的和气候的状况，它的植物和动物，也一定是某种生成的东西，它不仅在空间中必然有彼此并列的历史，而且在时间上也必然有前后相继的历史。如果当时立即沿着这个方向坚决地继续研究下去，那么自然科学现在就会大大超过它目前的水平。但是哲学能够产生什么成果呢？康德的著作没有产生直接的成果，直到很多年以后拉普拉斯和赫歇尔才充实了这部著作的内容，并且作了更详细的论证，因此才使“星云假说”逐渐受人重视。进一步的一些发现使它终于获得了胜利；其中最重要的发现是：恒星的自行；宇宙空间中具有阻抗的介质得到证实；宇宙物质的化学同一性以及康德所假定的炽热星云团的存在通过光谱分析得到证明。

但是，如果这个逐渐被认识到的观点，即关于自然界不是**存在着**，而是**生成着**和**消逝着**的观点，没有从其他方面得到支持，那么大多数自然科学家是否会这样快地意识到变化着的地球竟承载着不变的有机体这样一个矛盾，那倒是值得怀疑的。地质学产生了，它不仅揭示了相继形成的和逐次累积起来的地层，而且指出了这些地层中保存着已经灭绝的动物的甲壳和骨骼，以及已经不再出现的植物的茎、叶和果实。人们不得不下决心承认：不仅整个地球，而且地球现今的表面以及在这一表面上生存的植物和动物，也都有时间上的历史。这种承认最初是相当勉强的。居维叶关于地球经历多次变革的理论在词句上是革命的，而在实质上是反动的。这种理论以一系列重复的创造行动取代了上帝的**一次**创造行动，使神迹成为自然界的根本杠杆。最初把知性带进地质学的是赖尔，因为他以地球的缓慢变化所产生的渐进作用，取代了由于造物主一时兴动而引起的突然变革。

赖尔的理论，与以前的一切理论相比，同有机物种不变这个假设更加不能相容。地球表面和各种生存条件的逐渐改变，直接导致有机体的逐渐改变和它们对变化着的环境的适应，导致物种的变异性。但传统不仅在天主教教会中是一种势力，而且在自然科学中也是一种势力。赖尔本人许多年来一直没有看到这个矛盾，他的学生们就更没有看到。这只有用当时在自然科学中流行的分工来说明，这种分工使每个人都或多或少地局限在自己的专业中，只有少数人没有被它夺走纵览全局的眼力。

这期间物理学取得了长足的进步，其成果由三个不同的人在自然研究的这一部门的划时代的一年即 1842 年中几乎同时作出概括。迈尔在海尔布隆，焦耳在曼彻斯特，都证明了从热到机械力和从机械力到热的转化。热的机械当量的确定，使这个结果成为无可置疑的。同时，格罗夫——不是职业的自然科学家，而是英国的一名律师——通过单纯地整理物理学上已经取得的各种成果就证明了这样一个事实：一切所谓物理力，即机械力、热、光、电、磁，甚至所谓化学力，在一定的条件下都可以互相转化，而不会损失任何力。这样，他就用物理学的方法补充证明了笛卡儿的原理：世界上存在着的运动的量是不变的。因此，各种特殊的物理力，也可以说是物理学上的各个不变的“种”，就变成形形色色的并且按照一定的规律互相转化的物质运动形式。种种物理力的存在的偶然性，从科学中被排除出去了，因为它们之间的联系和转化已经得到证明。物理学和以前的天文学一样，获得了一种结果，这种结果必然表明：运动着的物质的永恒循环是最终的结论。

从拉瓦锡以后，特别是从道尔顿以后，化学的惊人迅速的发展从另一方面向旧的自然观进行了攻击。由于用无机的方法制造出过去只能在活的有机体中产生的化合物，就证明了适用于无机物的化学定律对有机物是同样适用的，而且把康德还认为是无机界和有机界之间的永远不可逾越的鸿沟大部分填平了。

最后，在生物学研究的领域中，特别是由于自上世纪中叶以来系统地进行的科学考察旅行，由于生活在当地的专家对世界各大洲的欧洲殖民地的更精确的考察，此外还由于古生物学、解剖学和生理学的进步，尤其是从系统地应用显微镜和发现细胞以来的进步，已积累了大量的材料，使得运用比较的方法成为可能，同时也成为必要。一方面，由于有了比较自然地理学，查明了各种不同的植物区系和动物区系的生存条件；另一方面，对各种不同的有机体按照它们的同类器官相互进行了比较，不仅就它们的成熟状态，而且就它们的一切发展阶段进行了比较。这种研究越是深刻和精确，那种固定不变的有机界的僵硬系统就越是一触即溃。不仅动物和植物的单个的种之间的界线无可挽回地变得越来越模糊，而且冒出了像文昌鱼和南美肺鱼这样一些使以往的一切分类方法遭到嘲弄的动物；最后，甚至发现了说不清是属于植物界还是动物界的有机体。古生物学档案中的空白越来越多地被填补起来了，甚至最顽固的分子也被迫承认整个有机界的发展史和单个机体的发展史之间存在着令人信服的一致，承认有一条阿莉阿德尼线，它可以把人们从植物学和动物学似乎越来越深地陷进去的迷宫中引导出来。值得注意的是：几乎在康德攻击太阳系的永恒性的同时，即在 1759 年，卡·弗·沃尔弗对物种不变进行了第一次攻击，并且宣布了种源说。但是这在他那里不过是天才的预见，到了奥肯、拉马克、贝尔那里才具有了确定的形式，而在整整 100 年以后，即 1859 年，才由达尔文胜利地完成了。几乎同时还发现，以前被说成是一切有机体的最后构成成分的原生质和细胞，原来是独立生存着的最低级的有机形式。因此，不仅无机界和有机界之间的鸿沟缩减到最小限度，而且机体种源说过去遇到的一个最根本的困难也被排除了。新的自然观就其基本点来说已经完备：一切僵硬的东西溶解了，一切固定的东西消散了，一切被当做永恒存在的特殊的东西变成了转瞬即逝的东西，整个自然界被证明是在永恒的流动和循环中运动着。

———

于是我们又回到了希腊哲学的伟大创立者的观点：整个自然界，从最小的东西到最大的东西，从沙粒到太阳，从原生生物到人，都处于永恒的产生和消逝中，处于不断的流动中，处于不息的运动和变化中。只有这样一个本质的差别：在希腊人那里是天才的直觉，在我们这里则是以实验为依据的严格科学的研究的结果，因而其形式更加明确得多。当然，对这种循环的经验证明并不是完全没有缺陷的，但是这些缺陷与已经确立的东西相比是无足轻重的，而且会一年一年地得到弥补。如果我们想到科学的最主要的部门——超出行星范围的天文学、化学、地质学——作为科学而存在还不足 100 年，生理学的比较方法作为科学而存在还不足 50 年，而几乎一切生命发展的基本形式即细胞被发现还不到 40 年，那么这种证明在细节上怎么会没有缺陷呢！

———

从旋转的、炽热的气团中（它们的运动规律也许要经过几个世纪的观察弄清了恒星的自行以后才能揭示出来），经过收缩和冷却，发展出了以银河最外端的星环为界限的我们的宇宙岛的无数个太阳和太阳系。这一发展显然不是到处都具有同样的速度。在我们的星系中，黑暗的、不仅仅是行星的天体的存在，即熄灭了的太阳的存在，越来越迫使天文学予以承认（梅特勒）；另一方面，属于我们这一星系的（依据赛奇的观点）还有一部分气状星云，它们是还没有形成的太阳；这并不排斥这样的情况：另一些星云如梅特勒所认为的，是一些遥远的独立宇宙岛，这些宇宙岛的相对发展阶段要用分光镜才能确定。

拉普拉斯以一种至今尚未被超越的方法详细地证明了一个太阳系是如何从一个单独的气团中发展起来的；以后的科学越来越证实了他的说法。

在这样形成的各个天体——太阳以及行星和卫星上，最初是我们称为热的那种物质运动形式占优势。甚至在今天太阳还具有的那种温度下，也是谈不上元素的化合物的；对太阳的进一步的观察将会表明，在这种场合下热会在多大程度上转变为电和磁；在太阳上发生的机械运动不过是由于热和重力发生冲突而造成的，这在现在几乎已成定论。

单个的天体越小，冷却得越快。首先冷却的是卫星、小行星和流星，正如我们的月球早已死寂一样。行星冷却较慢，而最慢的是中心天体。

随着进一步的冷却，相互转化的物理运动形式的交替就越来越占有重要地位，直到最后达到这样一点，从这一点起，化学亲和性开始起作用，以前化学上没有区分的元素现在彼此在化学上区分开来，获得了化学性质，相互发生化合作用。这些化合作用随着温度的下降（这不仅对每一种元素，而且对元素的每一种化合作用都产生不同的影响），随着一部分气态物质由于温度下降先变成液态，然后又变成固态，随着这样造成的新条件，而不断地变换。

当行星有了一层硬壳而且在其表面有了积水的时候，行星固有的热同中心天体传递给它的热相比就开始越来越处于次要地位。它的大气层变成我们现在所理解的气象现象的活动场所，它的表面成为地质变化的场所，在这些地质变化中，大气层的沉降物所起的沉积作用，同来自炽热而流动的地球内核的慢慢减弱的外张作用相比越来越占有优势。

最后，一旦温度降低到至少在相当大的一部分地面上不再超过能使蛋白质生存的限度，那么在具备其他适当的化学的先决条件的情况下，就形成了活的原生质。这些先决条件是什么，今天我们还不知道，这是不足为怪的，因为直到现在连蛋白质的化学式都还没有确定下来，我们甚至还不知道化学上不同的蛋白体究竟有多少，而且只是在大约十年前才认识到，完全无结构的蛋白质执行着生命的一切主要机能：消化、排泄、运动、收缩、对刺激的反应、繁殖。

也许经过了多少万年，才形成了进一步发展的条件，这种没有形态的蛋白质由于形成核和膜而得以产生第一个细胞。而随着这第一个细胞的产生，也就有了整个有机界的形态发展的基础；我们根据古生物学档案的完整类比材料可以假定，最初发展出来的是无数种无细胞的和有细胞的原生生物，其中只有加拿大假原生物留传了下来；在这些原生生物中，有一些逐渐分化为最初的植物，另一些则分化为最初的动物。从最初的动物中，主要由于进一步的分化而发展出了动物的无数的纲、目、科、属、种，最后发展出神经系统获得最充分发展的那种形态，即脊椎动物的形态，而在这些脊椎动物中，最后又发展出这样一种脊椎动物，在它身上自然界获得了自我意识，这就是人。

人也是由分化而产生的。不仅从个体方面来说是如此——从一个单独的卵细胞分化为自然界所产生的最复杂的有机体，而且从历史方面来说也是如此。经过多少万年的努力，手脚的分化，直立行走，最后终于确定下来，于是人和猿区别开来，于是奠定了分音节的语言的发展和人脑的巨大发展的基础，这种发展使人和猿之间的鸿沟从此不可逾越了。手的专业化意味着**工具**的出现，而工具意味着人所特有的活动，意味着人对自然界进行改造的反作用，意味着生产。狭义的动物也有工具，然而这只是它们的身躯的肢体，蚂蚁、蜜蜂、海狸就是这样；动物也进行生产，但是它们的生产对周围自然界的作用在自然界面前只等于零。只有人能够做到给自然界打上自己的印记，因为他们不仅迁移动植物，而且也改变了他们的居住地的面貌、气候，甚至还改变了动植物本身，以致他们活动的结果只能和地球的普遍灭亡一起消失。而人所以能做到这一点，首先和主要是借助于手。甚至蒸汽机这一直到现在仍是人改造自然界的最强有力的工具，正因为是工具，归根到底还是要依靠手。但是随着手的发展，头脑也一步一步地发展起来，首先产生了对取得某些实际效益的条件的意识，而后来在处境较好的民族中间，则由此产生了对制约着这些条件的自然规律的理解。随着自然规律知识的迅速增加，人对自然界起反作用的手段也增加了；如果人脑不随着手、不和手一起、不是部分地借助于手而相应地发展起来，那么单靠手是永远造不出蒸汽机来的。

随同人，我们进入了**历史**。动物也有一部历史，即动物的起源和逐渐发展到今天这样的状态的历史。但是这部历史对它们来说是被创造出来的，如果说它们自己也参与了创造，那也是不自觉和不自愿的。相反，人离开狭义的动物越远，就越是有意识地自己创造自己的历史，未能预见的作用、未能控制的力量对这一历史的影响就越小，历史的结果和预定的目的就越加符合。但是，如果用这个尺度来衡量人类的历史，甚至衡量现代最发达的民族的历史，我们就会发现：在这里，预定的目的和达到的结果之间还总是存在着极大的出入。未能预见的作用占据优势，未能控制的力量比有计划运用的力量强大得多。只要人的最重要的历史活动，这种使人从动物界上升到人类并构成人的其他一切活动的物质基础的历史活动，即人的生活必需品的生产，也就是今天的社会生产，还被未能控制的力量的意外的作用所左右，而人所期望的目的只是作为例外才能实现，而且往往适得其反，那么情况就不能不是这样。我们在最先进的工业国家中已经降服了自然力，迫使它为人们服务；这样我们就无限地增加了生产，现在一个小孩所生产的东西，比以前的 100 个成年人所生产的还要多。而结果又怎样呢？过度劳动日益增加，群众日益贫困，每十年发生一次大崩溃。达尔文并不知道，当他证明经济学家们当做最高的历史成就加以颂扬的自由竞争、生存斗争是动物界的正常状态的时候，他对人们，特别是对他的同胞作了多么辛辣的讽刺。只有一种有计划地生产和分配的自觉的社会生产组织，才能在社会方面把人从其余的动物中提升出来，正像一般生产曾经在物种方面把人从其余的动物中提升出来一样。历史的发展使这种社会生产组织日益成为必要，也日益成为可能。一个新的历史时期将从这种社会生产组织开始，在这个时期中，人自身以及人的活动的一切方面，尤其是自然科学，都将突飞猛进，使以往的一切都黯然失色。

但是，一切产生出来的东西，都注定要灭亡。也许经过多少亿年，多少万代生了又死；但是这样一个时期会无情地到来，那时日益衰竭的太阳热将不再能融解从两极逼近的冰，那时人们越来越聚集在赤道周围，最终连在那里也不再能够找到足以维持生存的热，那时有机生命的最后痕迹也将渐渐地消失，而地球，一个像月球一样死寂的冰冻的球体，将在深深的黑暗里沿着越来越狭小的轨道围绕着同样死寂的太阳旋转，最后就落到太阳上面。有的行星遭到这种命运比地球早些，有的比地球晚些；代替配置得和谐的、光明的、温暖的太阳系的，只是一个寒冷的、死去的球体，它在宇宙空间里循着自己的孤寂的轨道运行着。像我们的太阳系一样，我们的宇宙岛的其他一切星系或早或迟地都要遭到这样的命运，无数其他的宇宙岛的星系都是如此，还有这样一些星系，它们发出的光在地球上还有活人的眼能接受时将不会达到地球，甚至连这样一些星系也要遭到同样的命运。

但是，当这样一个太阳系走完自己的生命旅程并且遭受一切有限物的命运，即死亡的时候，以后又会怎样呢？太阳的遗骸是否将永远作为遗骸在无限的空间里继续运转，而一切以前曾无限多样地分化了的自然力，是否将永远变成引力这样一种运动形式？

“或者”，如赛奇问道（第 810 页），“在自然界中是否存在着这样一些力，它们能使死了的星系恢复到最初的炽热的星云状态，重新唤起它的新的生命？我们不知道。”

当然，在这方面我们所知道的，并不像知道 $2\times2=4$ 或物质引力的增减取决于距离的平方一样。但是在理论自然科学中，我们往往不得不运用还不完全清楚的数量去进行计算，而且在任何时候都必须用思想的首尾一贯性去补救有缺陷的知识；理论自然科学把它的自然观尽可能地加工为一个和谐的整体，如今甚至连最没有思想的经验主义者离开理论自然科学也寸步难行。现在，现代自然科学必须从哲学那里采纳运动不灭的原理；离开这个原理它就无法继续存在下去。但是物质的运动不仅仅是粗糙的机械运动、单纯的位置移动，它也是热和光、电压和磁压、化学的化合和分解、生命乃至意识。有人说，物质在其整个无限悠久的存在中仅仅只有一次，而且是在与其永恒性相比只是极短的时间内，才有可能使自身的运动发生分化，从而展示这种运动的全部多样性，而在此以前和以后则永远局限于单纯的位置移动，这样说就等于宣称物质是会死亡的，而运动是短暂的。运动的不灭性不能仅仅从量上，而且还必须从质上去理解；一种物质的纯粹机械的位置移动即使有可能在适当条件下转化为热、电、化学作用、生命，但是这种物质如果不能从自身中产生这些条件，那么这样的物质就**丧失了运动**；一种运动如果失去了转化为它所能有的各种不同形式的能力，那么即使它还具有潜在力，但是不再具有活动力了，因而它部分地被消灭了。但是这两种情况都是不可想象的。

有一点是肯定的：曾经有一个时期，我们的宇宙岛的物质把如此大量的运动——究竟是何种运动，我们到现在还不知道——转化成了热，以致（依据梅特勒的说法）从中可能产生了至少包括 2000 万颗星的诸太阳系，而这些太阳系的逐渐死寂同样是不容置疑的。这个转化是怎样进行的呢？关于我们的太阳系的将来的遗骸是否总是重新变为新的太阳系的原料，我们和赛奇神父一样，一无所知。在这里，我们要么必须求助于造物主，要么不得不作出如下的结论：形成我们的宇宙岛的太阳系的炽热原料，是按自然的途径，即通过运动的转化产生出来的，而这种转化是运动着的物质**天然具有的**，因而转化的条件也必然要由物质再生产出来，尽管这种再生产要到亿万年之后才或多或少偶然地发生，然而也正是在这种偶然中包含着必然性。

这种转化的可能性越来越得到承认。现在人们得出了这样的见解：诸天体的最终命运是互相碰在一起。人们甚至已经计算这种碰撞必然产生的热量。天文学所报道的新星的突然闪现和已知旧星的同样突然的亮度增加，用这种碰撞最容易说明。同时，不仅我们的行星群绕着太阳运动，我们的太阳在我们的宇宙岛内运动，而且我们的整个宇宙岛也在宇宙空间中不断运动，和其余的宇宙岛处于暂时的相对的平衡中；因为连自由浮动的物体的相对平衡也只有在相互制约的运动中才能存在；此外，还有一些人认为宇宙空间中的温度不是到处都一样的。最后，我们知道，我们的宇宙岛的无数个太阳的热，除了极小的一部分以外，都消失在空间里，甚至不能把宇宙空间的温度提高百万分之一摄氏度。这全部巨大的热量变成了什么呢？它是不是永远用于为宇宙空间供暖的尝试，是不是实际上已不复存在而只在理论上仍然存在于宇宙空间的温度已上升百亿分之一度或更低度数这一事实中？这个假定否认了运动的不灭性；它认可这样一种可能：由于诸天体不断地相互碰在一起，一切现存的机械运动都变为热，而且这种热将发散到宇宙空间中去，因此尽管存在“力的不灭性”，一切运动还是会停下来（在这里顺便可以看出，用力的不灭性这个说法替代运动的不灭性这个说法，这是多么错误）。于是我们得出这样一个结论：发散到宇宙空间中去的热一定有可能通过某种途径（指明这一途径，将是以后某个时候自然研究的课题）转变为另一种运动形式，在这种运动形式中，它能够重新集结和活动起来。因此，阻碍已死的太阳重新转化为炽热气团的主要困难便消除了。

此外，诸天体在无限时间内永恒重复的先后相继，不过是无数天体在无限空间内同时并存的逻辑补充——这一原理的必然性，甚至德雷帕的反理论的美国人头脑也不得不承认了。

这是物质运动的一个永恒的循环，这个循环完成其轨道所经历的时间用我们的地球年是无法量度的，在这个循环中，最高发展的时间，即有机生命的时间，尤其是具有自我意识和自然界意识的人的生命的时间，如同生命和自我意识的活动空间一样，是极为有限的；在这个循环中，物质的每一有限的存在方式，不论是太阳或星云，个别动物或动物种属，化学的化合或分解，都同样是暂时的，而且除了永恒变化着的、永恒运动着的物质及其运动和变化的规律以外，再没有什么永恒的东西了。但是，不论这个循环在时间和空间中如何经常地和如何无情地完成着，不论有多少亿个太阳和地球产生和灭亡，不论要经历多长时间才能在一个太阳系内而且只在一个行星上形成有机生命的条件，不论有多么多的数也数不尽的有机物必定先产生和灭亡，然后具有能思维的脑子的动物才从它们中间发展出来，并在一个很短的时间内找到适于生存的条件，而后又被残酷地毁灭，我们还是确信：物质在其一切变化中仍永远是物质，它的任何一个属性任何时候都不会丧失，因此，物质虽然必将以铁的必然性在地球上再次毁灭物质的最高的精华——思维着的精神，但在另外的地方和另一个时候又一定会以同样的铁的必然性把它重新产生出来。

神灵世界中的自然研究

深入人民意识的辩证法有一个古老的命题：两极相联。根据这个道理，我们在寻找幻想、轻信和迷信的极端表现时，如果不是面向像德国自然哲学那样竭力把客观世界嵌入自己主观思维框子内的自然科学派别，而是面向与此相反的派别，即一味吹捧经验、极端蔑视思维而实际上思想极度贫乏的派别，我们就不致于犯什么错误。后一个学派在英国占据统治地位。它的始祖，备受称颂的弗兰西斯·培根就已经渴望他的新的经验归纳法能够付诸应用，并首先做到：延年益寿，在某种程度上使人返老还童，改形换貌，易身变体，创造新种，腾云驾雾，呼风唤雨。他抱怨这种研究无人问津，他在他的自然史中开出了制取黄金和创造种种奇迹的正式的丹方。同样，伊萨克·牛顿在晚年也热衷于注释《约翰启示录》。因此，难怪近年来以几个远非最差的人物为代表的英国经验主义，看来竟不可救药地迷恋于从美国输入的招魂术和降神术。

属于这一行列的第一位自然科学家，是功勋卓著的动物学家兼植物学家阿尔弗勒德·拉塞尔·华莱士，此人曾和达尔文同时提出物种通过自然选择发生变异的理论。他在 1875 年由伦敦白恩士出版社出版的小册子《论奇迹和现代唯灵论》里面说，他在自然知识的这个分支中的最初经验是在 1844 年开始取得的，那时他听到斯宾塞·霍尔先生关于麦斯默术的讲演，因此他在他的学生身上做了同样的实验。

“我对这个问题非常感兴趣，并且有热心〈ardour〉进行研究。”[第 119 页]

他不仅使人进入催眠状态并发生四肢僵硬和局部丧失知觉的现象，而且也证实了加尔颅骨图的正确，因为在触摸任何一个加尔器官的时候，相应的活动就在已受催眠的人身上发生，并以灵活的动作按规定演示出来。其次，他断言，他的被催眠者只要被他触摸一下，就会产生催眠者的一切感觉；他只要把一杯水说成白兰地酒，就可以让被催眠者喝得酩酊大醉。他能使一个年轻人甚至在清醒的时候糊涂得忘记自己的姓名，然而这是其他教员不用麦斯默术也可以办到的。如此等等。

1843—1844 年冬季，我也适逢其会在曼彻斯特见到了这位斯宾塞·霍尔先生。他是一个很普通的江湖术士，在几个教士的赞助下在国内跑来跑去，用一个少女做催眠颅相学的表演，借以证明上帝的存在，证明灵魂不死，证明当时欧文主义者在各大城市中所宣传的唯物主义毫无价值。少女被催眠后，催眠者只要摸一摸她的颅骨上的任何一个加尔器官，她就像演戏一样做出各种表示相应器官活动的动作和姿势；例如，摸一下爱孩子（philoprogenitiveness）的器官，她就爱抚和亲吻所幻想的婴孩，如此等等。此外，这位堂堂的霍尔还用一个新的巴拉塔里亚岛丰富了加尔的颅骨地理学：他在颅骨顶上发现了一个敬神的器官，只要摸一摸这里，他的那位受了催眠的小姐就跪下去，把双手合在一起，并且在惊讶的庸人观众面前做出一副虔敬地祈祷的天使的样子。表演到此结束并达到高潮。上帝的存在得到了证明。

我和我的一个熟人也同华莱士先生一样，对这些现象颇感兴趣，并且想试一下，我们能在什么程度上再现这些现象。我们选择了一个12岁的活泼的男孩来作对象。安详的凝视或轻柔的抚摩就轻而易举地使他进入催眠状态。但是，因为我们对这套把戏不像华莱士先生那样虔诚，那样热心，所以我们也就得到完全不同的结果。除了很容易产生的肌肉僵硬和丧失知觉状态以外，我们还发现了一种意志完全被动而感觉又异常过敏的状态。被催眠者一旦由于任何外部刺激而从昏睡中醒过来，他就显得比清醒的时候更活跃得多。被催眠者同催眠者没有任何神秘的感应关系；任何其他的人都同样可以很容易地使被催眠者动作起来。让加尔颅骨器官起作用，在我们看来是太容易了；我们的花样还更多：我们不仅能使这些器官互相置换，把它们配置在整个身体的任何地方，而且还能造出不拘数目的其他器官，如唱歌、吹口哨、吹笛、跳舞、拳击、缝纫、补鞋、抽烟等等的器官，这些器官我们希望安在什么地方都可以。华莱士用水使他的被催眠者酩酊大醉，而我们却在大脚趾上发现了醉酒的器官，只要摸它一下，被催眠者就会演出最妙的喝醉酒的滑稽戏。但是十分清楚：如果不使被催眠者明白人们希望他做些什么，那么任何器官都不能显示任何作用。这个小孩经过实际练习很快便熟练到这样的程度：只要多少有一点暗示就够了。这样造成的器官只要不用同样的方法加以改变，对于以后的催眠是永远有效的。这个被催眠者也就有双重的记忆，一种是清醒时的记忆，另一种是催眠状态中的完全独立的记忆。至于说到意志的被动性，说到对第三者的意志的绝对服从，只要我们不忘记整个状态是在被催眠者的意志服从催眠者的意志的情况下开始的，而且没有这种服从就形成不了这种状态，那么这种被动性，这种绝对服从就没有什么奇怪的了。只要被催眠者同催眠者开个玩笑，那就连世界上最有魔力的催眠术家也无计可施了。

这样，我们不过随便怀疑了一下，便发现了催眠颅相学的江湖骗术的老底，这是一系列与清醒状态时的现象多半只有程度差异的、无须作任何神秘主义解释的现象，而华莱士先生的热心（ardour）却使他一再地欺骗自己，靠了这种自我欺骗去在各种细节上证实加尔颅骨图，确认催眠者和被催眠者之间的神秘的感应关系。在华莱士先生的天真得有些稚气的谈话中，到处都可以看到：他所关心的并不是探究这种江湖骗术的真相，而是不惜任何代价去再现所有的现象。只要有了这种心态，就可以在很短的时间内使刚入门的研究者靠简便易行的自我欺骗变成一位行家。华莱士先生终于相信了催眠颅相学的奇迹，这时他已经有一只脚踏进神灵世界中去了。

到 1865 年，他的另一只脚也跟着踏进去了。当他在热带地方旅行了 12 年回来以后，桌子跳舞的降神术实验促使他加入了各种“神媒”的团体。他进步得多么快，他对这套把戏掌握得多么纯熟，上述小册子就可以证明。他希望我们不仅要当真相信霍姆、达文波特兄弟以及其他看来多少是为了钱并且大多一再暴露出骗子面目的“神媒”的一切所谓的奇迹，而且要当真相信许多从很古的时候起就被信以为真的神灵故事。希腊神托所的女占卜者、中世纪的女巫便都是“神媒”，而扬布利柯在他的《论预言》中已经十分确切地描绘了

“现代唯灵论中最令人惊异的现象”。[第 229 页]

我们只举一个例子来表明，华莱士先生对于这些奇迹在科学上的确证是处理得何等轻率。如果有人要我们相信神灵会让人给它们照相，那么这的确是一个奢望，而我们在认定这种神灵照片是真实的以前，当然有权要求以最真实可信的方式对它们加以证明。但华莱士先生在第 187 页上说：1872 年 3 月，主神媒古皮太太（父姓为尼科尔斯）跟她的丈夫和小儿子在诺丁山的赫德森先生那里一起照了相，而在两张不同的照片上都看得出她背后有一个身材高高的女人的形象，优雅地（finely）披着白纱，面貌略带东方韵味，摆出祝福的姿势。

“所以，在这里，两件事中必有一件是绝对确实的。要不是眼前有一个活生生的、聪敏的、然而肉眼看不见的存在物，就是古皮先生夫妇、摄影师和某一第四者筹划了一桩卑劣的〈wicked〉骗局，而且一直隐瞒着这一骗局。但是我非常了解古皮先生夫妇，所以我绝对相信：他们像自然科学领域中任何真挚的真理探求者一样，是不会干这种骗人的勾当的。”［第 188 页］

这样看来，要么是骗人的勾当，要么是神灵的照片。对极了。如果是骗人的勾当，那么，不是神灵早已印在照片底版上，就是有四个人参与其事，或者有三个人参与其事，如果我们把活到 84 岁于 1875 年 1 月去世的对自己的行为不能负责的或易受愚弄的古皮老先生撇开不谈的话（只要把他送到作为背景的屏风后面就行了）。一位摄影师要替神灵找个“模特儿”是没有什么困难的，我们对此无须多费唇舌。但是摄影师赫德森不久就因一贯伪造神灵照片而被公开检举，而华莱士先生却安慰人们说：

“有一件事情是明白的：如果发生了骗人的勾当，那立刻就会被

唯灵论者自己看破的。”[第189页]

这也就是说，摄影师也不大可信了。剩下的是古皮太太，而对她，我们的朋友华莱士表示“绝对相信”，此外再没有别的。再没有别的吗？决不是这样。表明古皮太太的绝对可靠的，还有她自己的如下说法：1871年6月初的一个晚上，她在不省人事的状态中从汉伯里山公园她的家里，由空中被摄到兰布斯·康第特街69号——两地的直线距离是三英里——并且被弄到上述69号房子中正在举行降神仪式的一张桌子上。房门是关着的，虽然古皮太太是一个极肥胖的伦敦女人（这的确很重要），可是她突然闯到屋里来，在门上或天花板上连个小小的窟窿都没有留下来（1871年6月8日伦敦《回声报》上的报道）。现在谁还不相信神灵照片是真的，那真是不可救药了。

英国自然科学家中的第二位著名的行家，是威廉·克鲁克斯先生，化学元素铊的发现者和辐射计（在德国也叫做光转车辐射计）的发明者。克鲁克斯先生大约从1871年起开始研究唯灵论者的表演，为了这个目的应用了许多物理学仪器和力学仪器，如弹簧秤、电池等等。他是否带来了主要的仪器，即一颗抱怀疑态度的有批判力的头脑，他是否使这颗头脑始终保持工作能力，我们是会看到的。无论如何，在一个不长的时期内，克鲁克斯先生就像华莱士先生一样完全被俘虏了。华莱士叙述道：

“几年的工夫，一个年轻的女人，弗洛伦斯·库克小姐，就显示出值得注意的神媒的特性，而且最近已经登峰造极，化成一个肯定是来自神灵世界的完美的女性形象，赤着脚，披着飘洒的白色长袍，而这时神媒却穿着深色的衣服，被捆缚着，沉睡在一间密室〈cabinet〉或邻室里。”[第181页]

这个神灵自称凯蒂，看起来非常像库克小姐。一天晚上，沃尔克曼先生，古皮太太现在的丈夫，突然拦腰把它抱住，紧紧搂住不放，看它到底是不是库克小姐的化身。这个神灵显示出是一个结结实实的女人，它竭力反抗，观众们来干预，瓦斯灯被熄灭，撕扯了一阵以后，重新安静下来，屋子里点起了灯，这时神灵已经不见了，而库克小姐仍然被捆着，不省人事地躺在原来的角落里。但是，据说沃尔克曼先生直到现在还坚持认为，他抱住的是库克小姐而不是别人。为了从科学上来确证这件事情，一位著名的电学家瓦利先生做了一次新的实验，把电池的电流通到神媒库克小姐身上，使得她不切断电流就不能扮演神灵的角色。然而神灵还是出现了。所以它的确是和库克小姐不同的存在物。而进一步确证这件事情便是克鲁克斯先生的任务。他第一步是要取得这位神灵小姐的**信任**。

这种信任，如他自己在1874年6月5日的《灵学家报》中所说的，“逐渐加深，直到除非由我来安排，不然她就拒绝降神。她说她希望我一直在她近旁，就在内室的隔壁；我发现，在这种信任已经建立而且她确信我决不对她食言以后，各种现象的表现程度大大加强了，用其他方法得不到的证据也如意地得到了。她常常和我商量参加降神仪式的人以及他们的席位，因为她最近变得非常不安〈nervous〉，原因是她感到有人曾不怀好意地向她暗示，除了使用其他的比较科学的研究方法以外，有人可能使用武力。”

这位神灵小姐对这种既亲切又科学的信任给了最充分的回报。她甚至出现——现在这使我们不会再感到吃惊——在克鲁克斯先生家里，和他的孩子们玩耍，给他们讲“她在印度冒险的趣闻”，向克鲁克斯先生讲述“她过去生活中的一些痛苦的经历”，让他拥抱她，好让他相信她的结结实实的物质性，并让他察看她每分钟的脉搏次数和呼吸次数，最后她自己还和克鲁克斯先生并排照相。华莱士先生说：

“这个形象在人们看见她，摸到她，给她照相，并且和她谈话以后，就从一个小屋子里面绝对地消失了，这个小屋子除了通往挤满观众的隔壁一间屋子，是没有其他出口的。”［第 183 页］

假若观众们十分有礼貌，信任发生事情的房子的主人克鲁克斯先生，就像克鲁克斯先生信任神灵一样，这也就不是什么了不起的把戏了。

可惜这些“完全被证实了的现象”，甚至在唯灵论者看来也不是随随便便就可以相信的。我们在前面已经看到，十分相信唯灵论的沃尔克曼先生怎样采取了非常物质的突然下手的办法。现在又有一个教士，“不列颠全国灵学家协会”委员，也出席了库克小姐的降神仪式，而且毫无困难地发现：神灵从门进到里面并在里面消失的那间屋子，是有**第二道门**通往外界的。当时也在场的克鲁克斯先生的举动，“使我原以为这些表演中也许有点什么玩意儿的信念受到了最后的致命打击”（查·莫里斯·戴维斯牧师《神秘的伦敦》，伦敦廷斯利兄弟出版社版）。此外，人们怎样使“凯蒂们”“现身”的事，在美国也真相大白了。有一对姓霍姆斯的夫妇在费城举行表演，当时也出现了一个“凯蒂”，她得到信徒们丰厚的馈赠。但是，这位凯蒂有一次竟因为报酬不够多而罢了工，这就引起一个怀疑者下决心非要探查出她的踪迹不可；他发现她住在一个 boarding house（公寓）里，是一个毫无疑问有血有肉的年轻女人，占有了赠送给神灵的一切礼物。

同时，欧洲大陆也有自己的科学界的降神者。彼得堡的一个学术团体——我不大清楚是大学或者甚至是研究院——曾委托枢密官阿克萨科夫和化学家布特列罗夫探究降神现象，但似乎并没有多少结果。另一方面——如果可以相信唯灵论者的喧嚣的声明——德国现在也推出自己的唯灵论者，这就是莱比锡教授策尔纳先生。

大家知道，策尔纳先生多年来埋头研究空间的“第四维”，发现在三维空间里不可能出现的许多事情，在四维空间里却是不言而喻的。例如，在四维空间里，一个全封闭的金属球，不在上面钻一个孔，就可以像翻手套一样地翻过来；同样，在一条两端各无尽头或两端都被系住的线上可以打结，两个相互分离的闭合的圆环，不锯开其中的任何一个就可以套在一起，还有许多这一类的把戏。根据神灵世界最近传来的捷报，策尔纳教授先生曾请求一个或几个神媒帮助他确定第四维空间中的各种细节。结果据说是惊人的。他把自己的手臂架在椅子的扶手上，而手掌按在桌子上不动，降神仪式一开始，椅子的扶手就和他的手臂套在一起了；一条两端用火漆固定在桌子上的线，竟在中间打了四个结，如此等等。一句话，神灵是可以极其容易地完成第四维空间的一切奇迹的。但是必须注意：我是在转述别人的说法。我不能保证这个神灵通报的正确性，如果它有什么不确实的地方，策尔纳先生应当感谢我给他提供了一个更正的机会。但是，如果这个通报不是虚假地报道策尔纳先生的经历，那么这些经历显然会在神灵科学和数学方面开辟一个新纪元。神灵证明第四维空间的存在，而第四维空间则为神灵的存在作担保。而这一点一经发现，便给科学开辟出一个崭新的广阔的天地。对于第四维和更高维的空间的数学来说，对于待在这种高维空间中的神灵们的力学、物理学、化学和生理学来说，过去的全部数学和自然科学都不过是一种预备科目罢了。克鲁克斯先生不是已经在科学上确证桌子和其他家具在移到——我们现在可以这样说——第四维空间的过程中会损失多少重量，而华莱士先生不是也声称他已经证明在第四维空间中火不会伤害人体吗！现在甚至已经有神体生理学了！神灵们会呼吸，有脉搏，这就是说，它们有肺脏、心脏和循环器官，因而在身体的其他器官方面至少是和我们一样齐全的。因为要呼吸就要有碳水化合物在肺里被转化，而这些碳水化合物又只能由外界供给，于是要有胃、肠及其附属器官，而这一切一经确定，其余的就毫无困难地都跟着有了。但是这些器官的存在就使得神灵们有生病的可能，这样一来，微耳和先生也许就不得不写一部神灵世界的细胞病理学了。而因为这些神灵大多是非常漂亮的年轻女人，除了她们的超凡的美丽，她们和世间的女人没有什么不同，完完全全没有什么不同，所以用不了多久她们就会出现在“爱上她们的男人”的身边；而且，既然克鲁克斯先生通过脉搏已经断定，她们“并不缺少女性的心”，所以对于自然选择来说，也同样会出现一个第四维空间，在那个空间里，再也用不着担心人们会把自然选择和万恶的社会民主主义混淆起来。

够了。这里已经看得一清二楚，究竟什么是从自然科学走向神秘主义的最可靠的道路。这并不是过度滋蔓的自然哲学理论，而是蔑视一切理论、怀疑一切思维的最肤浅的经验。证明神灵存在的并不是那种先验的必然性，而是华莱士先生、克鲁克斯先生之流的经验的观察。既然我们相信克鲁克斯利用光谱分析进行的观察（铊这种金属就是由此发现的），或者相信华莱士在马来群岛所获得的动物学上的丰富的发现，人们就要求我们同样去相信这两位研究者在唯灵论方面的经验和发现。而如果我们认为，在这里毕竟有一个小小的区别，即前一种发现可以验证，而后一种却不能，那么降神者就会反驳我们说：不是这么回事，他们是乐于给我们提供机会来验证这些神灵现象的。

实际上，蔑视辩证法是不能不受惩罚的。对一切理论思维尽可以表示那么多的轻视，可是没有理论思维，的确无法使自然界中的两件事实联系起来，或者洞察二者之间的既有的联系。在这里，问题只在于思维正确或不正确，而轻视理论显然是自然主义地进行思维，因而是错误地进行思维的最可靠的道路。但是，根据一个自古就为人们所熟知的辩证法规律，错误的思维贯彻到底，必然走向原出发点的反面。所以，经验主义者蔑视辩证法便受到惩罚：连某些最清醒的经验主义者也陷入最荒唐的迷信中，陷入现代唯灵论中去了。

数学方面的情形也一样。平庸的形而上学的数学家，都十分高傲地夸耀他们的科学成果是绝对无法推翻的。但是这些成果也包括虚数在内，从而这些虚数也就带有某种实在性。如果我们已习惯于给 $\sqrt{-1}$ 或第四维硬加上我们的头脑以外的某种实在性，那么我们是否再前进一步，承认神媒的神灵世界，这也就不是什么重要问题了。这正如凯特勒谈到德林格尔时所说的：

“这个人一生中曾为那么多的谬论作辩护，就连教皇永无谬误的说法他也真能接受了！”

事实上，单凭经验是对付不了唯灵论者的。第一，那些“高级的”现象，只有当有关的“研究者”已经着迷到像克鲁克斯自己天真无比地描绘的那样，只能看到他应看到或他想看到的东西的时候，才能够显现出来。第二，唯灵论者并不在乎成百件的所谓事实被揭露为骗局，成打的所谓神媒被揭露为下流的江湖骗子。只要所谓的奇迹还没有被**逐一**揭穿，唯灵论者就仍然有足够的活动地盘，华莱士在伪造神灵照片的事件中就一清二楚地说明了这一点。伪造物的存在，正好证明了真实物的真实。

这样，经验要摆脱降神者的纠缠，就不得不借助于理论的思考，而不再靠经验性的实验；用赫胥黎的话说：

“我认为从证明唯灵论是真理这件事当中所能得到的唯一好处，就是给反对自杀提供一个新论据。与其死后借每举行一次降神仪式赚一个基尼的神媒的嘴巴说一大堆废话，还不如活着做清道夫好。”

［各门科学的辩证内容］

运动的基本形式

运动，就它被理解为物质的存在方式、物质的固有属性这一最一般的意义来说，涵盖宇宙中发生的一切变化和过程，从单纯的位置变动直到思维。研究运动的本性，当然不得不从这种运动的最低级的、最简单的形式开始，先学会理解这样的形式，然后才能在说明更高级的和复杂的形式方面有所建树。所以我们看到：在自然科学的历史发展中，最先产生的是关于简单的位置变动的理论，即天体和地上物体的力学，随后是关于分子运动的理论，即物理学，紧接着、几乎同时而且在有些方面还先于物理学而产生的，是关于原子运动的科学，即化学。只有在这些关于支配着非生物界的运动形式的不同知识部门达到高度的发展以后，才能成功地阐明各种显示生命过程的运动进程。对这些运动进程的阐明，是随着力学、物理学和化学的进步而取得相应的进步的。因此，当力学早已对动物躯体中通过肌肉收缩而引起运动的骨骼的杠杆作用能够用那些对非生物界也有效的规律作出充分说明的时候，对其他生命现象的物理化学的论证几乎还处于发展的最初阶段。所以，当我们在这里研究运动的本性时，我们不得不把有机体的运动形式撇在一边。我们不得不局限于——按照科学的现状——非生物界的运动形式。

一切运动都和某种位置变动相联系，不论这是天体的、地上物体的、分子的、原子的或以太粒子的位置变动。运动形式越高级，这种位置变动就越微小。位置变动决不能把有关的运动的本性包括无遗，但是也不能和运动分开。所以必须首先研究位置变动。

我们所接触到的整个自然界构成一个体系，即各种物体相联系的总体，而我们在这里所理解的物体，是指所有的物质存在，从星球到原子，甚至直到以太粒子，如果我们承认以太粒子存在的话。这些物体处于某种联系之中，这就包含了这样的意思：它们是相互作用着的，而它们的相互作用就是运动。由此可见，没有运动，物质是不可想象的。再则，既然我们面前的物质是某种既有的东西，是某种既不能创造也不能消灭的东西，那么由此得出的结论就是：运动也是既不能创造也不能消灭的。只要认识到宇宙是一个体系，是各种物体相联系的总体，就不能不得出这个结论。早在这种认识在自然科学中发挥实际作用以前很久，哲学就已经有了这种认识，所以不难说明，为什么哲学比自然科学整整早 200 年就得出了运动既不能创造也不能消灭的结论。甚至哲学作出这个结论时所采取的形式，也比今天的自然科学的表述要高明。笛卡儿关于宇宙中现存的运动量永远一样的原理只是在形式上有缺点，即用一种有限的表达方式来表示一种无限大。与此相对应，在自然科学中这同一个定律现在有两种表达方式，一种是亥姆霍兹的**力**的守恒定律，另一种是更新的更确切的**能量**守恒定律。我们以后可以看到，这两种表达法中的每一种所表示的正好是另一种的对立面，而且它们当中的每一种都只表达了关系的一个方面。

如果两个物体相互作用，致使其中的一个或两个发生位置变动，那么这种位置变动就只能是互相接近或互相分离。这两个物体不互相吸引，就互相排斥。或者如力学上所说的，在这两个物体之间起作用的力是有心力，即沿着它们的中心点所联结起来的直线的方向起作用的力。不管许多运动看起来多么复杂，上述情形都在宇宙中发生着，不断地和绝无例外地发生着，这在我们今天看来已经是不言自明的了。如果设想两个相互作用的物体在相互作用时不受第三个物体的任何妨碍或影响，而这种作用不是沿着最短的和最直接的路线发生，即沿着联结两个物体的中心点的直线发生，那么这在我们看来是很荒谬的。大家知道，亥姆霍兹（《论力的守恒》1847 年柏林版第 1 节和第 2 节）用数学方法也证明了：有心作用和运动量的不变性是互为条件的，如果设想存在着不同于有心作用的作用，那就会导致运动可以创造或消灭的结论。所以一切运动的基本形式都是接近和分离，收缩和膨胀——一句话，是**吸引**和**排斥**这一古老的两极对立。

应当明确指出：吸引和排斥在这里不是被看做所谓“**力**”，而是被看做**运动的简单形式**。康德早就把物质看做吸引和排斥的统一。至于“力”究竟是怎么一回事，我们到时候将会看到。

一切运动都在于吸引和排斥的相互作用。然而运动只有在每一个吸引被另一处的相应的排斥所抵偿时，才有可能发生。否则一方会逐渐胜过另一方，运动最后就会停止。所以，宇宙中的一切吸引和一切排斥，一定是互相平衡的。于是，运动既不能消灭也不能创造的定律，就采取这样的表达方式：宇宙中的每一个吸引运动，都必定由一个相等的排斥运动来补充，反过来也是这样；或者如古代哲学早在自然科学中提出力的守恒定律或能量守恒定律以前所说的，宇宙中一切吸引的总和等于一切排斥的总和。

但是，这里似乎还留下了一切运动总有一天会停止的两种可能性：这或者是由于排斥和吸引有一天在事实上终于互相抵消，或者是由于全部排斥最终占据物质的一个部分，而全部吸引则占据另一个部分。从辩证法的观点看来，这两种可能性从一开始就不可能存在。辩证法根据我们直到目前为止的自然经验的结果，已经证明了：所有的两极对立，都以对立的两极的相互作用为条件；这两极的分离和对立，只存在于它们的相互依存和联结之中，反过来说，它们的联结，只存在于它们的分离之中，它们的相互依存，只存在于它们的对立之中；这样，就不可能存在排斥和吸引最终抵消的问题，也不可能存在一种运动形式最终分配在物质的这一半上，而另一种运动形式最终分配在另一半上的问题，这就是说，既不存在两极互相渗透的问题，也不存在两极绝对分离的问题。在第一种场合下，这就好比硬要使一条磁石的北极和南极互相抵消，在第二种场合下，就好比把一条磁石从中间切断，硬要使一段只有北极而没有南极，使另一段只有南极而没有北极。不过，虽然从两极对立的辩证性质中已经可以推断这样的假设是不能容许的，可是由于在自然科学家中形而上学的思维方式占支配地位，至少第二种假设在物理学的理论中仍起着一定的作用。这一点以后在适当的地方还要谈到。

运动在吸引和排斥的相互作用中是怎样表现出来的呢？这最好是就运动本身的各单个形式来研究。这样最终就会得出结论。

我们不妨看一看一颗行星环绕其中心天体所作的运动。普通的天文学教科书追随牛顿把椭圆形的行星轨道解释为两种力，即中心天体的吸引和使行星沿着垂直于这种吸引的路线运动的切线力共同作用的结果。所以，除向心的运动形式外，普通的天文学教科书还假设了与中心点的联线相垂直的另一个运动方向或所谓“力”。因此，它和前面所说的基本定律是矛盾的，依据这个定律，我们的宇宙中的一切运动，只能沿着相互作用的物体的中心点的方向发生，或者如人们所说的，只能由有心作用力所引起。正因为如此，普通的天文学教科书就把下面这样一种运动因素纳入理论之中，这种运动因素，如我们也已经看到的，必然要导致运动可以创造也可以消灭的结论，因而也就必然要以造物主的存在为前提。这样一来，就需要把这一神秘的切线力归结为某种向心的运动形式，而完成这个工作的，是康德和拉普拉斯的天体演化学。大家知道，按照这种看法，整个太阳系是由某种旋转着的极稀薄的气体逐渐收缩而产生的，旋转运动在这个气团的赤道线上显然最为强烈，并且使个别的气环从这个气团上分离出去，然后这些气环就收缩成行星、小行星等等，并按照原来的旋转方向围绕着中心天体旋转。这一旋转本身，通常是用气体的单个质点的自身运动来说明。这种运动朝极不相同的方向发生，但是最后总有某一多余部分朝一定的方向运动下去，这就引起旋转，这种旋转必然随着气团的进一步收缩而不断地加强。但是，关于旋转的起源，不管提出什么样的假说，都是排除了切线力，使之化为向心运动的某种特殊的现象形式。如果行星运动的一个要素，即直接向心的要素，表现为重力，即行星和中心天体之间的吸引，那么，另一个要素，即切线要素，则表现为气团各个质点原有排斥的残余，即以衍生的或改变了的形式出现的残余。于是，一个太阳系的生存过程就表现为吸引和排斥的相互作用，在这个过程中，排斥以热的形式放射到宇宙空间中去，因而在太阳系中，排斥就逐渐消失，而这样一来，吸引就越来越占优势。

一目了然：在这里被理解为排斥的运动形式，和现代物理学所说的“**能**”是同一个东西。由于太阳系的收缩和由此而来的构成现在的太阳系的各个天体的分离，太阳系便失去了“能”，而这一损失，按照亥姆霍兹的著名计算现在已经达到太阳系中原来以排斥的形式出现的全部运动量的$\frac{453}{454}$。

我们还可以再来看一看地球上的某个物体。这个物体是靠重力和地球联结在一起的，正像地球是靠重力和太阳联结起来一样，但是这个物体和地球不同，不能作自由的行星般的运动。它只有靠外来的推动才能运动起来，而且推动一旦终止，它的运动很快也就停止，这或者仅仅是重力的作用所致，或者是重力和该物体赖以运动的介质的阻抗的共同作用所致。这一阻抗归根到底也是重力的一种作用，没有重力，地球表面上就不会有任何具有阻抗的介质，不会有大气了。所以在地球表面上的纯粹的机械运动中，我们所碰到的是重力即吸引占有决定性优势的情形，因而在这里运动的产生显示出两个阶段：首先是抵抗重力的作用，然后是让重力起作用，一句话，就是先使物体上升，然后再使之下降。

这样一来，我们又有了以吸引为一方和以按相反方向发生的运动形式即排斥的运动形式为另一方的相互作用。但是，在地球上的**纯粹**力学（这种力学所研究的，是处于**既定的**、对它来说是不变的聚集状态和凝聚状态之中的物体）的范围内，这种排斥的运动形式在自然界中是不发生的。无论是岩石从山顶上崩落下来，还是水之所以能够下泻，形成这类现象的物理条件和化学条件都是这种力学范围以外的事情。所以在地球上的纯粹力学中，排斥运动或提升运动只能由人工造成，即由人力、畜力、水力、蒸汽力等等造成。这种情形，这种用人工办法克服天然的吸引的必要性，使力学家们产生了一种看法，认为吸引、重力，或者如他们所说的重力的**力**，是自然界中最重要的运动形式，甚至是基本的运动形式。

例如，如果提升一个重物然后让它直接或间接下落而把运动传导给其他物体，那么按照通常的力学观点，传导这个运动的不是重物的**提升**，而是**重力的力**。例如，亥姆霍兹就让

“我们最熟悉的和最简单的力，即重力，作为推动力而起作用……例如在一座靠重锤推动的挂钟里。这个重锤……如果不使钟的全部机械运转起来，便不能顺应重力的牵引”。而它如果不自行下落，便不能使钟的机械运转起来，而且这种下落最终一直要持续到联结它的链条完全松直为止。“到那时，钟就停了，重锤的推动能力暂时用尽了。重锤的重力既没有失去，也没有减少，它依旧被地球在同一程度上吸引着，可是这个重力引起运动的能力已经丧失了……　但

是我们可以用手臂的力量把钟再上好，重锤就又升上去。这样一来，重锤又获得了它原先的推动能力，又能使钟走起来。（亥姆霍兹《通俗科学讲演集》第 2 册第 144 页）”

因此，按照亥姆霍兹的说法，使钟走起来的，不是运动的主动的传导，不是重锤的提升，而是重锤的被动的重力，虽然这个重力本身只是由于被提升才脱离被动状态，而在联结重锤的链条松直以后又回到被动状态。所以，照我们刚才见到的新观点看来，**能**仅仅是**排斥**的另一种说法，而照亥姆霍兹的旧观点看来，**力**则是排斥的对立面即**吸引**的另一种说法。我们现在就来弄清这一点。

这样，当地球上的力学的过程终结的时候，当重物先被提升然后又下降到同一高度的时候，构成这个过程的运动将怎样呢？在纯粹力学看来，它是消失了。但是，我们现在知道，它决没有消灭。它有一小部分转化为空气的声波振动，而绝大部分则转化为热。这些热一部分传导给具有阻抗的大气，一部分传导给落体本身，最后一部分传导给落体所碰到的地面。钟的重锤，也以摩擦热的形式，把自身的运动逐渐传导给钟表机械的各个齿轮。可是转化为热，即转化为排斥的一种形式的东西，并不是人们通常所说的**落体**运动，就是说，并不是吸引。相反，如亥姆霍兹正确地指出的，吸引，重力，现在仍然和先前一样，确切地说，甚至变得更大了。倒不如说，通过下降而**在力学上**被消灭的，并且以热的形式重新出现的，恰好是借提升而传导给被提升物的排斥。物体的排斥变成了分子的排斥。

如我们已经说过的，热是排斥的一种形式。它使固体的分子发生振动，从而减弱各个分子间的联系，直到最后开始向液态过渡；在液态下，如果继续加热，热便又会增强分子的运动，直到达到这样的程度：分子完全脱离物体，并以一定的速度一个一个地自由运动起来，而这个速度对每一个分子来说取决于它的化学构造。如果再继续加热，热就使这个速度更加增大，从而使分子越来越互相排斥。

但是，热是所谓“能”的一种形式；后者在这里再次证明与排斥是同一的。

在静电和磁的现象中，我们有吸引和排斥的两极之分。关于这两种运动形式的作用方式，无论提出什么样的假说，面对事实没有一个人会怀疑：只要吸引和排斥是由静电或磁所引起，而且能够毫无阻碍地展开，它们就会完全互相抵偿。这事实上已经是从两极划分的本性中必然得出的结论。各自的作用不能完全互相抵偿的两极，决不是极，而且到现在为止在自然界中也没有见过这样的极。流电现象我们在这里暂时撇开不谈，因为这方面的过程决定于化学过程，因而比较复杂。所以我们最好来研究化学的运动过程本身。

当两份重的氢和 15.96 份重的氧化合成水蒸气的时候，从这个过程中散发出 68.924 热量单位的热量。反过来，如果要把 17.96 份重的水蒸气分解为两份重的氢和 15.96 份重的氧，那么这只有在下列条件下才有可能实现：要有等于 68.924 热量单位的运动量传导给水蒸气，不管这是以热本身的形式还是以电运动的形式发生的。一切其他的化学过程也是一样。在大多数场合下，化合时放出运动，分解时必须导入运动。在这里，排斥通常也是过程的主动方面，即被赋予更多的运动或要求导入运动的方面，吸引则是过程的被动方面，即造成运动过剩并放出运动的方面。因此，现代的理论也宣称：总的说来，元素化合时释放能量，化合物分解时束缚能量。所以“能”在这里又是表示排斥的。亥姆霍兹又说：

“这个力〈化学亲和力〉，我们可以想象为吸引力…… 碳原子和氧原子间的这种吸引力所作的功，同地球以重力的形式对一个被提升的重物所作的功是一样的…… 当碳原子和氧原子互相冲撞而化合成碳酸气的时候，新形成的碳酸气粒子一定是处在极猛烈的分子运动中，即处在热运动中…… 当碳酸气后来向四周放出自身的热的时候，碳酸气中的碳和氧仍然丝毫没有减少，而两者的亲和力也和以前一样强。但是这个亲和力现在只表现在这一点上：它把碳原子和氧原子牢固地联结在一起，不让它们分开。”（上引书，第 169 [—170] 页）

同上面刚刚说过的完全一样，亥姆霍兹坚持认为，在化学中和在力学中一样，力只存在于**吸引**之中，因而它是和其他物理学家称做“能”并与**排斥**完全等同的东西正好相反的东西。

因此，我们现在不再只有吸引和排斥这两种简单的基本形式，而有一大串从属形式，那种在吸引和排斥的对立中展开和收缩的包罗万象的运动的过程，就是在这些从属形式中进行的。但是，把这形形色色的现象形式归纳到运动这一总的名称之下，这决不仅仅是我们的理解。相反，这些形式本身通过实际过程就证明它们是同一运动的不同形式，因为在某些情况下它们会互相转化。物体的机械运动可转化为热，转化为电，转化为磁；热和电可以转化为化学分解；化学化合反过来又可以产生热和电，而以电为中介又产生磁；最后，热和电又可以产生物体的机械运动。而且这种转化是这样进行的：一种形式的一定运动量，总是有另一形式的精确规定的一定运动量与之相适应，而且，用来量度这个运动量的量度单位，不管是从哪一种运动形式中借用来的都无所谓，就是说，不管是用来量度物体的运动，量度热，量度所谓的电动力，还是量度化学过程中转化的运动，都是无所谓的。

在这里，我们是立足在“能量守恒”理论的基础上，这个理论是尤·罗·迈尔在 1842 年创立的，并且从那时以来国际上对它的研究已获得了十分辉煌的成就。现在，我们应当研究一下这个理论目前所使用的基本概念。这就是关于“力”或“能”以及关于“功”

的概念。

我们在前面已经看到，根据较新的、现在几乎已经被公认的观点，“能”被理解为排斥，可是亥姆霍兹却主要是用“力”这个词来表示吸引。人们会以为这是一种无关紧要的形式上的差别，因为在宇宙中吸引和排斥是互相补偿的，因此把这个关系中的哪一方当做正或当做负，似乎都无所谓，这就好像正的横坐标是从某一直线上的某一点向右边算起或向左边算起都是无所谓的一样。但是事情绝对不是这样的。

目前我们在这里考察的并不是宇宙，而是地球上发生的一些现象，这些现象被地球在太阳系中和太阳系在宇宙中的十分确定的位置所制约。我们的太阳系每一瞬间都向宇宙空间放出极大量的运动，而且是具有十分确定的质的运动，即太阳热，亦即排斥。而我们的地球本身只是由于有太阳热才有生气，而且它本身在把这种太阳热的一部分转化为其他运动形式以后，最终也把所获得的太阳热放射到宇宙空间中去。因此，在太阳系中，特别是在地球上，吸引已经大大地胜过了排斥。如果没有太阳放射到我们这里的排斥运动，地球上的一切运动都一定会停止。倘若太阳明天就冷却，那么在其他条件不变的情况下，地球上的吸引还会和现在一样。100 公斤重的石头，只要还在原来的地方，就和原先一样还是重 100 公斤。可是运动，无论是物体的还是分子和原子的运动，都会进入我们所想象的绝对静止状态。所以很清楚，对于在今天的**地球**上所发生的过程来说，是把吸引还是把排斥看做运动的主动的方面，即看做“力”还是看做“能”，这决不是无关紧要的。相反，在今天的地球上，吸引由于明显地胜过排斥而变成**完全被动的**了；一切主动的运动都应归功于由太阳供给的排斥。因此，最新的学派——虽然它对运动关系的本性还不清楚——把“能”理解为排斥，这从事物本身来看，以及从**地球上的**过程来看，甚至从整个太阳系来看，都是完全正确的。

"能"这个词确实没有把整个运动关系准确地表达出来，因为它只包括这种关系的一个方面，即作用，而没有包括反作用。它还会造成这样一种假象："能"是物质以外的某种东西，是植入物质中的某种东西。但是和"力"这个词比起来，无论如何还是宁可选择"能"这个词。

力的观念，如各方面所承认的（从黑格尔起直到亥姆霍兹止），是从人的机体在其周围环境中的活动借用来的。我们说肌肉力、双臂上举力、腿的弹跳力、肠胃的消化力、神经的感觉力、腺的分泌力等等。换句话说，为了不必对我们机体的某种机能所引起某种变化的真实原因作出说明，我们就塞进某种虚构的原因，某种和这个变化相当的所谓力。然后我们又把这种偷懒的办法搬用于外在世界，这样，有多少种不同的现象，便虚构出多少种力。

自然科学（天体的和地球上的力学或许是例外）还在**黑格尔**的时代已经处于这种质朴的发展阶段，而黑格尔已经完全正当地抨击当时流行的把什么都命名为力的手法（引证一段话）。他在另一个地方也指出：

"说磁石有**灵魂**〈如泰勒斯所说的〉，比说它有吸引力更好些；力是一种属性，它可以和物质分离开来，可以认为是一个宾词；而灵魂则是磁石的这种运动，同物质的本性是一回事。"（《哲学史》第1卷第208页）

现在我们已经不像当初那样轻易地谈论各种力了。且听听亥姆霍兹的说法：

"当我们完全认识某一自然规律的时候，我们也一定会要求它毫无例外地起作用……　这样，规律在我们面前就表现为一种客观的力量，因此，我们把它叫做力。例如，我们把光的折射定律客观化，把它看做透明实体的一种折射力；把化学亲和性定律客观化，把它看做各种不同物质间的亲和力。我们同样地说金属的电接触力，说附着力、毛细作用力等等。这些名称把一些规律客观化了，这些规律起初只涵盖了一小批条件还相当复杂的自然过程……　力只是作用的客观化了的规律……　我们所引进的力的抽象概念，只补充了这样一层意思：我们没有任意编造这个规律，它是现象的无法违抗的规律。这样，我们旨在把握自然现象即发现其规律的要求，就采取了另外的表述形式，这就是：我们应当去探究构成现象的原因的力。”(上引书，第190页。1869年在因斯布鲁克的报告)

首先，把关于**力**的**纯主观的**概念，塞到一个已认定为不以我们的主观为转移的、从而是完全**客观的**自然规律中去，这无论如何是一种奇特的“客观化”方法。干这种事情的充其量只是一个墨守成规的老年黑格尔派，而不应当是亥姆霍兹这样的新康德主义者。当我们把某种力硬塞进已经确定的规律中去的时候，我们既没有给这个规律，也没有给它的客观性或它的作用的客观性添加哪怕一点点新的客观性；所添加的只是我们的**主观的论断**：这个规律靠着某种暂时还完全未被认识的力而起作用。但是，当亥姆霍兹给我们举出光的折射、化学亲和性、接触电、附着、毛细现象这些例子，并把支配这些现象的规律提高到**力**这个“客观的”显贵等级上去的时候，这种在规律中塞进某种力的做法的隐秘含义立刻就显露出来了。

“这些名称把一些规律客观化了，这些规律起初只涵盖了一小批条件还相当复杂的自然过程。”

正是在这里，“客观化”(实际上是主观化)有了某种意义：并不是因为我们完全认识了规律，而恰好是因为我们**不**认识它，因为我们还**不**清楚这些现象的“相当复杂的条件”，所以我们在这里有时把“力”这个词当做避难所。可见，我们由此不是表明我们对规律的本性及其作用方式具备科学知识，而是表明我们**缺少**这方面的科学知识。从这种意义上说，“力”这个词作为尚未探明的因果关系的略语，作为语言上的权宜之计，日常还是可以使用的。但是超过了这一点，那就糟了。如果亥姆霍兹有权利用所谓光的折射力、电接触力等等来解释物理现象，那么中世纪的经院哲学家就同样有权利用热力和冷力来解释温度的变化，从而就用不着对热这个现象作任何进一步的研究了。

即使从这个意义上来说，“力”这个词也是不确切的，因为它对一切事物都作了片面的表述。一切自然过程都有两个方面，它们建立在至少两个发生作用的部分的关系上，建立在作用和反作用上。可是，由于力的观念来源于人的机体对外界的作用，再者也来源于地球上的力学，所以它包含的意思是：只有一个部分是主动的、发生作用的，而另一部分是被动的、接受作用的；这样一来，就把两性的差异推广到无生命的存在物上去，而对此直到现在却不能作出证明。力作用于另一部分所产生的反作用，最多只表现为一种被动的反作用，表现为一种**阻抗**。这种看问题的方法甚至在纯粹力学以外的许多领域里也是行得通的，因为在这些领域里涉及的只是运动的简单的转移及其量的计算。但是在比较复杂的物理过程中这就不够了，亥姆霍兹自己的例子就证明了这一点。光的折射力在光本身中和在透明物体中一样多。在附着和毛细现象中，“力”在固体表面上和在液体中肯定一样多。关于接触电，有一点无论如何是没有问题的，即在这里有**两块**金属各自起着作用；而“化学亲和力”如果存在于什么地方的话，那无论如何是存在于起着化合作用的**两个**部分中。但是，由两个分开的力所构成的一种力，一种不引起反作用、却在自身中包含和承载着这种反作用的作用，决不是地球上的力学所说的力，而这门科学正是让我们真正明白力的含义的唯一科学。要知道，地球上的力学的基本条件，首先是不去研究碰撞的原因，即每一种情况下的力的本性，其次是关于力的片面性的观点，它认为同这个力相对抗的是一种在任何地方都总是和自身相等的重力，这也就是说，同地球上的任何物体降落的距离比起来，地球半径都被认为等于无限大。

我们现在进一步看看亥姆霍兹怎样把他的“力”“客观化”，使之成为自然规律。

在 1854 年的一篇讲演（上引书，第 119 页）中，他研究了构成我们的太阳系的星云球体最初所包含的“作功的力的蕴藏”。

“事实上，它不过是以它的各个部分彼此间的万有引力的形式获得这方面的一套极为巨大的妆奁。”

这是无可怀疑的，但是，同样无可怀疑的是，这一整套由重力或引力构成的妆奁依然完好无损地保存在现在的太阳系中，也许要除去一个微不足道的量，这个量是同可能一去不复返地抛到宇宙空间中去的物质一道丧失的。接着说：

“各种化学力必定也是既有的，已准备好起作用的；但是，各种物质只有发生最紧密的接触，这些力才能起作用，所以在它们开始起作用以前，一定要发生凝缩现象。”[第 120 页]

如果我们像亥姆霍兹在前面所说的那样，把这些化学力看做亲和力，即看做**吸引**，那我们在这里也不得不说，这些化学吸引力的总和依然丝毫未减地继续存在于太阳系中。

但是在同一页上，亥姆霍兹还叙述了他的计算的结果：

在太阳系中“最初的机械力现在大约只有 $\frac{1}{454}$ 还原样存在着”。

这怎么能和上面所说的相一致呢？引力，无论是万有引力或是化学吸引力，都依然完好地存在于太阳系中。亥姆霍兹并没有指出力的某个其他的确实来源。当然，按照亥姆霍兹的说法，这些力已经作了巨大的功。但是这些力并没有因此而增加或减少。太阳系中的每一个分子乃至整个太阳系本身的状况，都和前面的例子中的钟锤的情形相同。“重锤的重量既没有失去，也没有减少。”一切化学元素的状况都和前面说过的碳和氧的情形一样：每种元素既有的总量依然原样保存着，而“全部亲和力也和以前一样强”。那么我们失去了什么呢？是什么样的“力”作了据他计算相当于太阳系现在能作的功的 453 倍的巨大的功呢？到目前为止，亥姆霍兹没有给我们提供任何答案。不过他进一步又说：

“我们不知道，[原始星云球体中]是否另外还有*以热的形态存在的力的蕴藏*。”[第 120 页]

但是，请让我说几句。热是一种排斥的“力”，因而是**逆着**重力和化学吸引的方向起作用的，假设重力和化学吸引为正，它就是负。因此，既然亥姆霍兹以万有**吸引**和化学**吸引**来构成他的力的原始蕴藏，那就不应当把此外还存在着的热的蕴藏算到这个力的蕴藏中去，而应当从中减掉。否则情况应当是这样：当太阳热正好**逆着**地球的引力把水变成水蒸气并使水蒸气上升的时候，太阳热必定**增强**地球的引力；或者用来输送水蒸气的发烫的铁管所具有的热必定**增强**氧和氢的化学吸引。可是它实际上恰恰会使这种吸引不起作用。所以，当亥姆霍兹设想一定量的**排斥**运动可以以热的形式加到**吸引**形式的运动上去，并增加后者的总量时，他犯了一个明显的计算错误。

或者，我们可以以另外的形式来说明这同一个问题：假设星云球体半径为r，因而体积为 $\frac{4}{3}\pi r^3$，其温度为t。再假设另一质量相同的星云球体在较高的温度 T 之下有较大的半径 R 和体积 $\frac{4}{3}\pi R^3$。显然，在第二个星云球体中，只有当它的半径从 R 缩小到 r，即把相当于温度差 $T—t$ 的热放射到宇宙空间中去的时候，吸引，无论是力学的吸引或是物理的和化学的吸引，才能和第一个星云球体中的吸引以同样的强度发生作用。所以较热的星云球体比较冷的星云球体要凝缩得晚一些，因而从亥姆霍兹的观点看来，热作为凝缩的障碍，就不是“力的蕴藏”的正量，而是负量。

这所有的“力的蕴藏”，不管是可能存在的，还是可能加以证实的，我们都冠以同样的符号，使它们可以相加。因为我们暂时还不能使热转换，不能用等量的吸引来代替热的排斥，所以我们不得不在两种吸引的形式下来实现这种转换。于是我们就干脆用气团自身独立化的那一时刻存在于其中的排斥运动或所谓的能的总和，来代替万有引力，代替化学亲和力，代替那些一开始可能就在这些力之外存在着的热。这样，亥姆霍兹的下述计算就理顺了，在这里他要计算的是

“由于太阳系各天体从弥漫的星云物质发生假设的最初的凝缩而必定出现的变热现象”[第134页]。

他就这样把全部“力的蕴藏”都归结为热，归结为排斥，从而就可以把想象的“热这样一种力的蕴藏”加到“力的蕴藏”上去。于是他的计算表明：最初存在于气团中的全部能量（即排斥）的 $\frac{453}{454}$，已经以热的形态放射到宇宙空间中去，或者确切地说，现在的太阳

系中的一切吸引的总和，与太阳系中还存在着的一切排斥的总和之比，是 454 : 1。但是这样一来，这些计算就和拿这些计算来作例证的讲演的本文发生矛盾了。

关于力的观念甚至在亥姆霍兹这样的物理学家那里都引起了这样的概念混乱，这就最好不过地证明，它在计算力学范围以外的任何研究部门中，在科学上都是不适用的。在力学中，运动的原因被当做已知的，人们关心的不是运动的起源，而只是运动的作用。因此，如果有人把某种运动的原因称做某种力，这丝毫无损于力学本身；但是人们习惯于把这个名称也搬到物理学、化学和生物学中去，这样一来混乱就不可避免了。这一点我们已经看到而且还会常常看到。

关于功的概念，我们在下一章中再谈。

（应当阐明功这种运动的传递及其形式的概括。）

[自然界和社会]

劳动在从猿到人的转变中的作用

政治经济学家说：劳动是一切财富的源泉。其实，劳动和自然界在一起才是一切财富的源泉，自然界为劳动提供材料，劳动把材料转变为财富。但是劳动的作用还远不止于此。劳动是整个人类生活的第一个基本条件，而且达到这样的程度，以致我们在某种意义上不得不说：劳动创造了人本身。

在好几十万年以前，在地质学家叫做第三纪的那个地质时代的某个还不能确切肯定的时期，大概是在这个时代的末期，在热带的某个地方——可能是现在已经沉入印度洋底的一大片陆地上，生活着一个异常高度发达的类人猿的种属。达尔文曾经向我们大致地描述了我们的这些祖先：它们浑身长毛，有胡须和尖耸的耳朵，成群地生活在树上。

这种猿类，大概首先由于它们在攀援时手干着和脚不同的活这样一种生活方式的影响，在平地上行走时也开始摆脱用手来帮忙的习惯，越来越以直立姿势行走。由此就**迈出了从猿过渡到人的具有决定意义的一步**。

现在还活着的一切类人猿，都能直立起来并且单凭两脚向前运动。但是只有在迫不得已时才会如此，并且非常笨拙。它们的自然的步态是采取半直立的姿势，而且用手来帮忙。大多数的类人猿是以握成拳头的手指骨支撑地面，两腿收起，身体在长臂之间摆动前进，就像跛子撑着双拐行走一样。一般说来，我们现在还可以在猿类中间观察到从用四肢行走到用两条腿行走的一切过渡阶段。但是一切猿类都只是在迫不得已时才用两条腿行走。

如果说我们的遍体长毛的祖先的直立行走一定是先成为习惯，并且随着时间的推移才成为必然，那么这就必须有这样的前提：手在此期间已经越来越多地从事其他活动了。在猿类中，手和脚的使用也已经有某种分工了。正如我们已经说过的，在攀援时手和脚的使用方式是不同的。手主要是用来摘取和抓住食物，就像低级哺乳动物用前爪所做的那样。有些猿类用手在树上筑巢，或者如黑猩猩甚至在树枝间搭棚以避风雨。它们用手拿着木棒抵御敌人，或者以果实和石块掷向敌人。它们在被圈养的情况下用手做出一些简单的模仿人的动作。但是，正是在这里我们看到，甚至和人最相似的猿类的不发达的手，同经过几十万年的劳动而高度完善化的人手相比，竟存在着多么大的差距。骨节和筋肉的数目和一般排列，两者是相同的，然而即使最低级的野蛮人的手，也能做任何猿手都模仿不了的数百种动作。任何一只猿手都不曾制造哪怕是一把最粗笨的石刀。

因此，我们的祖先在从猿过渡到人的好几十万年的过程中逐渐学会的使自己的手能做出的一些动作，在开始时只能是非常简单的。最低级的野蛮人，甚至那种可以认为已向更近乎兽类的状态倒退而同时躯体也退化了的野蛮人，也远远高于这种过渡性的生物。在人用手把第一块石头做成石刀以前，可能已经过了一段漫长的时间，和这段时间相比，我们所知道的历史时间就显得微不足道了。但是具有决定意义的一步迈出了：**手变得自由了**，并能不断掌握新的技能，而由此获得的更大的灵活性便遗传下来，并且一代一代地增加着。

所以，手不仅是劳动的器官，**它还是劳动的产物**。只是由于劳动，由于总是要去适应新的动作，由于这样所引起的肌肉、韧带以及经过更长的时间引起的骨骼的特殊发育遗传下来，而且由于这些遗传下来的灵巧性不断以新的方式应用于新的越来越复杂的动作，人的手才达到这样高度的完善，以致像施魔法一样产生了拉斐尔的绘画、托瓦森的雕刻和帕格尼尼的音乐。

但是手并不是单独存在的。它只是整个具有极其复杂的结构的机体的一个肢体。凡是有益于手的，也有益于手所服务的整个身体，而且这是以二重的方式发生的。

首先这是由于达尔文所称的生长相关律。依据这一规律，一个有机生物的个别部分的特定形态，总是和其他部分的某些形态息息相关，哪怕在表面上和这些形态似乎没有任何联系。例如，一切具有无细胞核的红血球并以一对关节（髁状突）来联结后脑骨和第一节脊椎骨的动物，无例外地也都长有乳腺来哺养幼仔。又如，在哺乳动物中，偶蹄通常是和进行反刍的多囊的胃相联系的。身体的某些特定形态的改变，会引起其他部分的形态的改变，虽然我们还不能解释这种联系。蓝眼睛的纯白猫总是或差不多总是聋的。人手的逐渐灵巧以及与之相应的脚适应直立行走的发育，由于上述相关律的作用，无疑会反过来影响机体的其他部分。但是这种影响现在研究得还太少，所以我们在这里只能作一般的叙述。

更加重要得多的是手的发展对机体其余部分的直接的、可证明的反作用。我们已经说过，我们的猿类祖先是一种群居的动物，人，一切动物中最爱群居的动物，显然不可能来源于某种非群居的最近的祖先。随着手的发展、随着劳动而开始的人对自然的支配，在每一新的进展中扩大了人的眼界。他们在自然对象中不断地发现新的、以往所不知道的属性。另一方面，劳动的发展必然促使社会成员更紧密地互相结合起来，因为劳动的发展使互相支持和共同协作的场合增多了，并且使每个人都清楚地意识到这种共同协作的好处。一句话，这些正在生成中的人，已经达到彼此间**不得不说些什么**的地步了。需要也就造成了自己的器官：猿类的不发达的喉头，由于音调的抑扬顿挫的不断加多，缓慢地然而肯定无疑地得到改造，而口部的器官也逐渐学会发出一个接一个的清晰的音节。

语言是从劳动中并和劳动一起产生出来的，这个解释是唯一正确的，拿动物来比较，就可以证明。动物，甚至高度发达的动物，彼此要传递的信息很少，不用分音节的语言就可以互通信息。在自然状态下，没有一种动物会感到不能说话或不能听懂人的语言是一种缺陷。它们经过人的驯养，情形就完全不同了。狗和马在和人的接触中所养成的对于分音节的语言的听觉十分敏锐，以致它们在它们的想象力所及的范围内，能够很容易地学会听懂任何一种语言。此外，它们还获得了如对人表示依恋、感激等等的表达感受的能力，而这种能力是它们以前所没有的。和这些动物经常接触的人几乎不能不相信：有足够的情况表明，这些动物**现在**感到没有说话能力是一个缺陷。不过，它们的发音器官可惜过分地专门朝特定方向发展了，再也无法补救这种缺陷。但是，只要有发音器官，这种不能说话的情形在某种限度内是可以克服的。鸟的口部器官和人的口部器官肯定是根本不同的，然而鸟是唯一能学会说话的动物，而且在鸟里面叫声最令人讨厌的鹦鹉说得最好。人们别再说鹦鹉不懂得它自己所说的是什么了。它一连几个小时唠唠叨叨重复它那几句话，的确纯粹是出于喜欢说话和喜欢跟人交往。但是在它的想象力所及的范围内，它也能学会懂得它所说的是什么。如果我们把骂人话教给鹦鹉，使它能够想象到这些话的意思（这是从热带回来的水手们的一种主要娱乐），然后惹它发怒，那么我们马上会看到，它会像柏林卖菜的女贩一样正确地使用它的骂人话。它在乞求美味食品时也有这样的情形。

首先是劳动，然后是语言和劳动一起，成了两个最主要的推动力，在它们的影响下，猿脑就逐渐地过渡到人脑；后者和前者虽然十分相似，但是要大得多和完善得多。随着脑的进一步的发育，脑的最密切的工具，即感觉器官，也进一步发育起来。正如语言的逐渐发展必然伴随有听觉器官的相应的完善化一样，脑的发育也总是伴随有所有感觉器官的完善化。鹰比人看得远得多，但是人的眼睛识别东西远胜于鹰。狗比人具有锐敏得多的嗅觉，但是它连被人当做各种物的特定标志的不同气味的百分之一也辨别不出来。至于触觉，在猿类中刚刚处于最原始的萌芽状态，只是由于劳动才随着人手本身而一同形成。——脑和为它服务的感官、越来越清楚的意识以及抽象能力和推理能力的发展，又反作用于劳动和语言，为这二者的进一步发展不断提供新的推动力。这种进一步的发展，并不是在人同猿最终分离时就停止了，而是在此以后大体上仍然大踏步地前进着，虽然在不同的民族和不同的时代就程度和方向来说是不同的，有时甚至由于局部的和暂时的退步而中断；由于随着完全形成的人的出现又增添了新的因素——**社会**，这种发展一方面便获得了强有力的推动力，另一方面又获得了更加确定的方向。

从攀树的猿群进化到人类社会之前，一定经过了几十万年——这在地球的历史上只不过相当于人的生命中的一秒钟。但是人类社会最后毕竟出现了。人类社会区别于猿群的特征在我们看来又是什么呢？是**劳动**。猿群满足于把它们由于地理位置或由于抵抗了邻近的猿群而占得的觅食地区的食物吃光。为了获得新的觅食地区，它们进行迁徙和战斗，但是除了无意中用自己的粪便肥沃土地以外，它们没有能力从觅食地区索取比自然界的赐予更多的东西。一旦所有可能的觅食地区都被占据了，猿类就不能再扩大繁殖了；这种动物的数目最多只能保持不变。但是一切动物对待食物都是非常浪费的，并且常常毁掉还处在胚胎状态中的新生的食物。狼不像猎人那样爱护第二年就要替它生小鹿的牝鹿；希腊的山羊不等幼嫩的灌木长大就把它们吃光，它们把这个国家所有的山岭都啃得光秃秃的。动物的这种“掠夺行为”在物种的渐变过程中起了重要的作用，因为这种行为强迫动物去适应不同于惯用食物的食物，因此它们的血液就获得了和过去不同的化学成分，整个身体的结构也渐渐变得不同了，而从前某个时候固定下来的物种也就灭绝了。毫无疑义，这种掠夺行为有力地促进了我们的祖先转变成人。在智力和适应能力远远高于其他一切猿种的某个猿种中，这种掠夺行为必然造成的结果就是食用植物的数目越来越扩大，食用植物中可食用的部分也越来越增多，总之，就是食物越来越多样化，随之摄入身体内的物质，即向人转变的化学条件，也越来越多样化。但是，这一切还不是真正的劳动。劳动是从制造工具开始的。我们所发现的最古老的工具是些什么东西呢？根据已发现的史前时期的人的遗物来判断，并且根据最早历史时期的人群和现在最不开化的野蛮人的生活方式来判断，最古老的工具是些什么东西呢？是打猎的工具和捕鱼的工具，而前者同时又是武器。但是打猎和捕鱼的前提是从只吃植物过渡到同时也吃肉，而这又是向人转变的重要一步。**肉类食物**几乎现成地含有身体的新陈代谢所必需的各种最重要的物质；它缩短了消化过程以及身体内其他植物性过程即同植物生活相应的过程的时间，因此为过真正动物的生活赢得了更多的时间、更多的物质和更多的精力。这种正在生成中的人离植物界越远，他超出动物界的程度也就越高。如果说除吃肉外还要习惯于吃植物这一情况使野猫和野狗变成了人的奴仆，那么除吃植物外也要吃肉的习惯则大大促进了正在生成中的人的体力和独立性。但是最重要的还是肉食对于脑的影响；脑因此得到了比过去丰富得多的为脑本身的营养和发展所必需的物质，因而它就能够一代一代更迅速更完善地发育起来。请素食主义者先生们恕我直言，如果不吃肉，人是不会到达现在这个地步的，至于说在我们所知道的一切民族中，都曾经有一个时期由于吃肉而竟吃起人来（柏林人的祖先，韦累塔比人或维耳茨人，在 10 世纪还吃他们的父母），这在今天同我们已经毫不相干。

肉食引起了两个新的有决定意义的进步，即火的使用和动物的驯养。前者更加缩短了消化过程，因为它为嘴提供了可说是已经半消化了的食物；后者使肉食更加丰富起来，因为它在打猎之外开辟了新的更经常性的肉食来源，除此以外还提供了奶和奶制品之类的新的食品，而这类食品就其养分来说至少不逊于肉类。这样，对于人来说，这两种进步就直接成为新的解放手段。这里逐一详谈它们的各种间接的影响，未免扯得太远，虽然对于人类和社会的发展来说，这些影响也具有非常重大的意义。

正如人学会吃一切可以吃的东西一样，人也学会了在任何气候下生活。人分布在所有可居住的地面上，人是唯一能独立自主地这样做的动物。其他的动物，虽然也习惯于各种气候，但这不是独立自主的行为，而只是跟着人学会这样做的，例如家畜和有害小动物就是这样。从原来居住的常年炎热的地带，迁移到比较冷的、一年中分成冬季和夏季的地带，就产生了新的需要：要有住房和衣服以抵御寒冷和潮湿，要有新的劳动领域以及由此而来的新的活动，这就使人离开动物越来越远了。

由于手、说话器官和脑不仅在每个人身上，而且在社会中发生共同作用，人才有能力完成越来越复杂的动作，提出并达到越来越高的目的。劳动本身经过一代又一代变得更加不同、更加完善和更加多方面了。除打猎和畜牧外，又有了农业，农业之后又有了纺纱、织布、冶金、制陶和航海。伴随着商业和手工业，最后出现了艺术和科学；从部落发展成了民族和国家。法和政治发展起来了，而且和它们一起，人间事物在人的头脑中的虚幻的反映——宗教，也发展起来了。在所有这些起初表现为头脑的产物并且似乎支配着人类社会的创造物面前，劳动的手的较为简陋的产品退到了次要地位；何况能作出劳动计划的头脑在社会发展的很早的阶段上（例如，在简单的家庭中），就已经能不通过自己的手而是通过别人的手来完成计划好的劳动了。迅速前进的文明完全被归功于头脑，归功于脑的发展和活动；人们已经习惯于用他们的思维而不是用他们的需要来解释他们的行为（当然，这些需要是反映在头脑中，是进入意识的）。这样，随着时间的推移，便产生了唯心主义世界观，这种世界观，特别是从古典古代世界没落时起，就支配着人的头脑。它现在还非常有力地支配着人的头脑，甚至达尔文学派的唯物主义自然科学家们对于人类的产生也不能提出明确的看法，因为他们在那种意识形态的影响下，认识不到劳动在这中间所起的作用。

正如我们已经指出的，动物通过它们的活动同样也改变外部自然界，虽然在程度上不如人。我们也看到：动物对环境的这些改变又反过来作用于改变环境的动物，使它们发生变化。因为在自然界中任何事物都不是孤立发生的。每个事物都作用于别的事物，反之亦然，而且在大多数场合下，正是忘记这种多方面的运动和相互作用，才妨碍我们的自然科学家看清最简单的事物。我们已经看到：山羊怎样阻碍了希腊森林的恢复；在圣赫勒拿岛，第一批扬帆过海者带到岛上来的山羊和猪，把岛上原有的一切植物几乎全部消灭光，因而为后来的水手和移民所引进的植物的繁殖准备了土地。但是，如果说动物对周围环境发生持久的影响，那么，这是无意的，而且对于这些动物本身来说是某种偶然的事情。而人离开动物越远，他们对自然界的影响就越带有经过事先思考的、有计划的、以事先知道的一定目标为取向的行为的特征。动物在消灭某一地带的植物时，并不明白它们是在干什么。人消灭植物，是为了腾出土地播种五谷，或者种植树木和葡萄，他们知道这样可以得到多倍的收获。他们把有用植物和家畜从一个地区移到另一个地区，这样就把各大洲动植物的生活都改变了。不仅如此，植物和动物经过人工培养以后，在人的手下变得再也认不出它们本来的样子了。人们曾去寻找演化为谷类的野生植物，但至今仍是徒劳。我们的各种各样的狗，或者种类繁多的马，究竟是从哪一种野生动物演化而来，这始终是一个争论的问题。

此外，不言而喻，我们并不想否认，动物是有能力采取有计划的、经过事先考虑的行动方式的。恰恰相反。哪里有原生质和活的蛋白质生存着并发生反应，即由于外界的一定刺激而发生某种哪怕极简单的运动，那里就已经以萌芽的形式存在着这种有计划的行动方式。这种反应甚至在还没有细胞（更不用说神经细胞）的地方，就已经存在着。食虫植物捕捉猎获物的方法，虽然完全是无意识的，但从某一方面来看同样似乎是有计划的。在动物中，随着神经系统的发展，作出有意识有计划的行动的能力也相应地发展起来了，而在哺乳动物中则达到了相当高的阶段。在英国的猎狐活动中，每天都可以观察到：狐懂得怎样准确地运用关于地形的丰富知识来逃避追逐者，怎样出色地懂得并利用一切有利的地势来切断自己的踪迹。

在我们身边的那些由于和人接触而获得较高发展的家畜中间，每天都可以观察到一些和小孩的行动同样机灵的调皮行动。因为，正如母体内的人的胚胎发展史，仅仅是我们的动物祖先以蠕虫为开端的几百万年的躯体发展史的一个缩影一样，孩童的精神发展则是我们的动物祖先、至少是比较晚些时候的动物祖先的智力发展的一个缩影，只不过更加压缩了。但是一切动物的一切有计划的行动，都不能在地球上打下自己的意志的印记。这一点只有人才能做到。

一句话，动物仅仅**利用**外部自然界，简单地通过自身的存在在自然界中引起变化；而人则通过他所作出的改变来使自然界为自己的目的服务，来**支配**自然界。这便是人同其他动物的最终的本质的差别，而造成这一差别的又是劳动。

但是我们不要过分陶醉于我们人类对自然界的胜利。对于每一次这样的胜利，自然界都对我们进行报复。每一次胜利，起初确实取得了我们预期的结果，但是往后和再往后却发生完全不同的、出乎预料的影响，常常把最初的结果又消除了。美索不达米亚、希腊、小亚细亚以及其他各地的居民，为了得到耕地，毁灭了森林，但是他们做梦也想不到，这些地方今天竟因此而成为不毛之地，因为他们使这些地方失去了森林，也就失去了水分的积聚中心和贮藏库。阿尔卑斯山的意大利人，当他们在山南坡把那些在山北坡得到精心保护的枞树林砍光用尽时，没有预料到，这样一来，他们就把本地区的高山畜牧业的根基毁掉了；他们更没有预料到，他们这样做，竟使山泉在一年中的大部分时间内枯竭了，同时在雨季又使更加凶猛的洪水倾泻到平原上。在欧洲推广马铃薯的人，并不知道他们在推广这种含粉块茎的同时也使瘰疬症传播开来了。因此我们每走一步都要记住：我们决不像征服者统治异族人那样支配自然界，决不像站在自然界之外的人似的去支配自然界——相反，我们连同我们的肉、血和头脑都是属于自然界和存在于自然界之中的；我们对自然界的整个支配作用，就在于我们比其他一切生物强，能够认识和正确运用自然规律。

事实上，我们一天天地学会更正确地理解自然规律，学会认识我们对自然界习常过程的干预所造成的较近或较远的后果。特别自本世纪自然科学大踏步前进以来，我们越来越有可能学会认识并从而控制那些至少是由我们的最常见的生产行为所造成的较远的自然后果。而这种事情发生得越多，人们就越是不仅再次地感觉到，而且也认识到自身和自然界的一体性，那种关于精神和物质、人类和自然、灵魂和肉体之间的对立的荒谬的、反自然的观点，也就越不可能成立了，这种观点自古典古代衰落以后出现在欧洲并在基督教中得到最高度的发展。

但是，如果说我们需要经过几千年的劳动才多少学会估计我们的生产行为**在自然方面的**较远的影响，那么我们想学会预见这些行为**在社会方面的**较远的影响就更加困难得多了。我们曾提到过马铃薯以及随之而来的瘰疬症的蔓延。但是，同工人降低到以马铃薯为生这一事实对各国人民大众的生活状况所带来的影响比起来，同1847年爱尔兰因马铃薯遭受病害而发生的大饥荒比起来，瘰疬症又算得了什么呢？在这次饥荒中，有100万吃马铃薯或差不多专吃马铃薯的爱尔兰人进了坟墓，并有200万人逃亡海外。当阿拉伯人学会蒸馏酒精的时候，他们做梦也想不到，他们由此而制造出来的东西成了使当时还没有被发现的美洲的土著居民灭绝的主要工具之一。以后，当哥伦布发现美洲的时候，他也不知道，他因此复活了在欧洲早已被抛弃的奴隶制度，并奠定了贩卖黑奴的基础。17世纪和18世纪从事制造蒸汽机的人们也没有料到，他们所制作的工具，比其他任何东西都更能使全世界的社会状态发生革命，特别是在欧洲，由于财富集中在少数人一边，而另一边的绝大多数人则一无所有，起初使得资产阶级赢得社会的和政治的统治，尔后使资产阶级和无产阶级之间发生阶级斗争，而这一阶级斗争的结局只能是资产阶级的垮台和一切阶级对立的消灭。但是，就是在这一领域中，我们也经过长期的、往往是痛苦的经验，经过对历史材料的比较和研究，渐渐学会了认清我们的生产活动在社会方面的间接的、较远的影响，从而有可能去控制和调节这些影响。

但是要实行这种调节，仅仅有认识还是不够的。为此需要对我们的直到目前为止的生产方式，以及同这种生产方式一起对我们的现今的整个社会制度实行完全的变革。

到目前为止的一切生产方式，都仅仅以取得劳动的最近的、最直接的效益为目的。那些只是在晚些时候才显现出来的、通过逐渐的重复和积累才产生效应的较远的结果，则完全被忽视了。原始的土地公有制，一方面同眼界极短浅的人们的发展状态相适应，另一方面以可用土地的一定剩余为前提，这种剩余为应付这种原始经济的意外的灾祸提供了某种回旋余地。这种剩余的土地用光了，公有制也就衰落了。而一切较高的生产形式，都导致居民分为不同的阶级，因而导致统治阶级和被压迫阶级之间的对立；这样一来，生产只要不以被压迫者的最贫乏的生活需要为限，统治阶级的利益就会成为生产的推动因素。在西欧现今占统治地位的资本主义生产方式中，这一点表现得最为充分。支配着生产和交换的一个个资本家所能关心的，只是他们的行为的最直接的效益。不仅如此，甚至连这种效益——就所制造的或交换的产品的效用而言——也完全退居次要地位了；销售时可获得的利润成了唯一的动力。

资产阶级的社会科学，即古典政治经济学，主要只研究人以生产和交换为取向的行为在社会方面所产生的直接预期的影响。这同以这种社会科学为其理论表现的社会组织是完全相适合的。在各个资本家都是为了直接的利润而从事生产和交换的地方，他们首先考虑的只能是最近的最直接的结果。当一个厂主卖出他所制造的商品或者一个商人卖出他所买进的商品时，只要获得普通的利润，他就满意了，至于商品和买主以后会怎么样，他并不关心。关于这些行为在自然方面的影响，情况也是这样。西班牙的种植场主曾在古巴焚烧山坡上的森林，以为木灰作为肥料足够最能赢利的咖啡树利用一个世代之久，至于后来热带的倾盆大雨竟冲毁毫无保护的沃土而只留下赤裸裸的岩石，这同他们又有什么相干呢？在今天的生产方式中，面对自然界和社会，人们注意的主要只是最初的最明显的成果，可是后来人们又感到惊讶的是：取得上述成果的行为所产生的较远的后果，竟完全是另外一回事，在大多数情况下甚至是完全相反的；需求和供给之间的和谐，竟变成二者的两极对立，每十年一次的工业周期的过程就显示了这种对立，德国在“崩溃”期间也体验到了这种对立的小小的前奏；以自己的劳动为基础的私有制，必然进一步发展为劳动者丧失财产，同时一切财产越来越集中在不劳动的人的手中；[……]

弗·恩格斯写于 1873—1882 年

原文是德文

第一次以德文和俄译文对照的形式全文发表于 1925 年莫斯科出版的《马克思恩格斯文库》第 2 卷

中文根据《马克思恩格斯全集》历史考证版第 1 部分第 26 卷并参考《马克思恩格斯全集》德文版第 20 卷翻译

第一章 写作背景、成书过程和出版情况、书的结构

一 写作背景

《自然辩证法》写于 1873 年至 1883 年间。1871 年，巴黎公社失败后，欧洲工人运动进入低潮，为了积蓄力量，迎接革命新高潮的到来，工人阶级需要在思想上和理论上更好地武装自己，需要更完备的马克思主义的指导。在此之前，马克思已经多年致力于《资本论》的写作，力图揭示社会发展的辩证法（主要是资本主义经济运动的规律）。但在马克思、恩格斯看来，这对于他们的整体学说而言，是不完整的，还需要揭示自然运动的辩证法，从而使社会发

巴黎拉雪兹神父公墓：巴黎公社社员墙

展的辩证法和自然运动的辩证法相互补充、相互支撑，构成一个完整的体系。这样，写作《自然辩证法》的使命就历史地落在了恩格斯的肩上。

巴黎公社纪念碑

要写作《自然辩证法》，就要学习、研究各门自然科学，特别是其最新进展，因为自然科学直接的研究对象就是自然界，就是自然界各种物质的形态、结构、规律等等。只有对各门自然科学有系统、深入地把握，才能对自然界的辩证运动有深刻的理解，才能揭示自然运动的辩证法。这样，恩格斯花了大量的时间和精力学习、研究各门自然科学。

恩格斯既没有完成高中学业又没有正式上过大学，而 19 世纪以来自然科学的各个学科发展很快，所要学习和掌握的东西很多。但恩格斯迎难而上，刻苦钻研，广泛涉猎，不仅对当时自然科学已经达到的最新成就有较为全面、深入地把握，而且能从自然观、科技观、方法论等方面进行概括和总结，进而写出《自然辩证法》。

从基本思想形成来看，在恩格斯正式写作《自然辩证法》之前的二三十年已经开始孕育。在马克思、恩格斯的《政治经济学批判大纲》《德意志意识形态》《神圣家族》等著作中注意研究自然科学和技术的进展及其在社会发展中的作用，认为自然科学是推动历史前进的革命力量，并阐述了哲学与自然科学的相互影响。同时，马克思和恩格斯十分关注和研究 19 世纪下半叶以来自然科学的最新进展，特别是能量守恒与转化定律、细胞学说和达尔文的生物进化论。这为《自然辩证法》的写作奠定了基础。

二 | 成书过程和出版情况

恩格斯写作《自然辩证法》可以分为两个阶段，即在 1873 年至 1883 年间，从 1876 年 9 月到 1878 年 6 月，恩格斯暂时放下《自然辩证法》的写作，而应邀写作了《反杜林论》这一马克思主义的经典著作。这就是说，恩格斯用了 8 年时间写作《自然辩证法》，但到 1883 年 3 月 14 日马克思逝世时本书还未完成。至此，恩格斯不得不停止《自然辩证法》的写作，全身心投入马克思《资本论》的第二卷、第三卷和第四卷（《剩余价值学说史》）的整理和出版，并领导国际工人运动。直到 1895 年 8 月 5 日恩格斯逝世，《自然辩证法》也没有完成最终的写作计划。

恩格斯逝世后，《自然辩证法》很长一段时间没能出版，主要是由于当时德国社会民主党领导人伯恩施坦（1850—1932）的消极，将其搁置一边。据伯恩施坦说，曾让德国社会民主党人、物理学家阿隆斯（1860—1919）审查这些手稿是否适合发表，但得到“陈旧不堪，不能发表”的否定回答。1924 年，联共（布）中央派梁赞诺夫找伯恩施坦索取恩格斯的这部手稿。伯恩施坦又把这部书稿送给爱因斯坦（1879—1955）征求意见。爱因斯坦没有理解其价值，但同意出版，认为“对于阐明恩格斯的思想的意义是一个有趣的文献”[1]。1925 年苏联第一次以德、俄对照本出版《自然辩证法》，1932 年中译本出版。以后又出版了几个中译本。现行的中译本有两个版本：一是中共中央编译局编译，1971 年人民出版社出版；二是于光远等译编，1984 年人民出版社出版。

三 | 书的结构

在恩格斯逝世之前不久，他把本书手稿 181 个组成部分（10 篇论文、169 个札记和片段、2 个计划草案）分成四束，依次是辩证法和自然科学、自然研究和辩证法、自然界的辩证法、数学和自然科学及札记。另外，恩格斯写的［总计划草案］和［局部计划草案］与其写的论文和札记大体相符合。这些对研究《自然辩证法》一书的体系结构很有参考价值。

《自然辩证法》中的札记与论文的内容是一致的，札记主要是为写作论文准备的素材。把论文和相应的札记联系起来，能更好地理解恩格斯的思想。1971 年版中译本《自然辩证法》把论文和札记及片段分成两大部分编排；1984 年版中译本《自然辩证法》则把论文和相应的札记及片段编排在一起。尽管两种排列方式各有优缺点，但后者更便于完整地理解恩格斯的思想。

因此，本导读以 1984 年版中译本《自然辩证法》为蓝本，该版本《自然辩证法》的内容包括十个部分：Ⅰ［总计划草案］、Ⅱ［自然科学的历史发展］、Ⅲ［自然科学和哲学］、Ⅳ［自然界的辩证法、辩证法的规律和范畴］、Ⅴ［认识自然的辩证法、认识论和辩证逻辑］、Ⅵ［物质运动的形式、自然科学的辩证法］、Ⅶ［数学和各门自然科学中的辩证法］、Ⅷ［劳动在从猿到人的转变中的作用］、Ⅸ［各束手稿的名称目录］、Ⅹ［《自然辩证法》准备材料］。鉴于上述内容，本书将对Ⅱ—Ⅷ部分进行导读。

鉴于《自然辩证法》的札记主要是为写作论文准备的素材，因此，本书的导读将以论文为主，以札记为辅助或参考。本书只有［认识自然的辩证法、认识论和辩证逻辑］部分没有论文，其他主体部分都有一篇或一篇以上的论文。

【本章注释】

[1]《爱因斯坦文集》第 1 卷，商务印书馆 1976 年版，第 202 页。

第二章 自然科学的历史发展

这一部分有 1 篇论文《导言》和 9 篇札记。《导言》是《自然辩证法》一书的核心论文，其中心思想就是该书［总计划草案］第一条所说："在自然科学中，由于它本身的发展，形而上学的观点已经成为不可能的了。"[1] 辩证唯物主义自然观的产生有其历史必然性。

《导言》可以分为两部分。前一部分通过阐述和分析近代自然科学的诞生和发展，论证辩证唯物主义自然观取代形而上学自然观的历史必然性；后一部分基于当时的科学进展，概述了自然界的辩证发展过程，从而体现出辩证法来自于自然界而不是注入自然界。

这一部分的 9 篇札记（［2.2］—［2.10］）可以看作为写作《导言》准备的材料。在这些札记中恩格斯更具体地考察和阐述了自然科学的发展依赖生产的发展及其他社会条件、自然观的发展与自然科学的发展密切相关。

一 《导言》的第一部分

首先，该部分阐述了近代自然科学是在普遍革命的社会背景下诞生和发展的。

近代自然科学可以在古希腊那里找到萌芽，但古希腊的自然科学主要是建立在直觉基础上的，没有系统的科学实验，没有从哲学中分化出来而成为独立的学科。到公元 5 世纪前后，欧洲进入中世纪，自然科学处于教会的统治之下，处于停滞状态。到中世纪后期，随着长达两百年的十字军东征，欧洲人发现了古希腊，发现了其曾有的人本主义思想及哲学、科学、艺术等遗产，引发了以文艺复兴为标志的思想解放运动、宗教改革运动，促进了城市经济和资本主义工商业的发展。“这是一次人类从来没有经历过的最伟大的、进步的变革，是一个需要巨人而且产生了巨人——在思维能力、热情和性格方面，在多才多艺和学识渊博方面的巨人的时代。”[2] 近代自然科学就是在这种普遍革命的社会环境中诞生和发展的。

由于自然科学本身就是彻底革命的，会遭到保守势力的抵抗，甚至烧死正要发现血液循环过程的塞尔维特（1511—1553）和坚持“日心说”的布鲁诺（1548—1600）。可见，近代自然科学从其诞生开始就以血与火的文字写入人类编年史。

近代自然科学诞生的标志是 1543 年哥白尼（1473—1543）发表的《天体运行论》，即“日心说”。从此自然科学开始从神学中解放出来，得以加速发展。哥白尼能够提出“日心说”，除了本人的努力外，一方面受古希腊阿里斯塔克（约前 310—前 230 年）“日心说”的启发，更重要的一方面要归功于当时普遍革命的社会环境。

其次，在近代自然科学前期（15 世纪后期到 18 世纪末），基于当时自然科学的发展导致形而上学自然观的形成。

这一时期只有力学基本形成，自然科学的其他学科还处于搜集材料阶段。哥白尼以后，经过开普勒、伽利略、牛顿等人的努力，天文学 - 力学体系基本形成，并且力学成为带头学科，对其他学科的发展产生了很大影响。人们不仅用力学的观点研究机械运动，而且扩展到生物界和人类社会，乃至用力学的观点看待一切。与此同时，其他学科处于搜集材料阶段，分析的、孤立静止的研究方法占主导地位。在这样的科学背景下，形成了形而上学的自然观（或机械自然观），即认为自然界绝对不变。“不管自然界本身是怎样产生的，只要它一旦存在，那么在它存在的时候它始终就是这样。”[3]

可见，形而上学自然观的形成有其历史原因，并有一定的合理性。这里的合理性可以概括为如下三个方面：一是它是建立在经验、实验和实证基础上的，而不像古希腊那样主要依靠直觉；二是在近代自然科学初期，人们需要先把研究对象与周围的联系分离、孤立起来，以便进行深入研究；三是借用相对成熟的力学的思想、理论、方式方法对后发学科或领域的研究也是自然的和有效的。但这种合理性的范围和程度有其限度。正如恩格斯所说：“形而上学的思维方式，虽然在相当广泛的、各依对象的性质而大小不同的领域中是正当的，甚至必要的，可是它每一次都迟早要达到一个界限，一旦超过这个界限，它就要成为片面的、狭隘的、抽象的，并且陷入不可解决的矛盾，因为它看到一个一个的事物，忘了它们的相互联系；看到它们的存在，忘了它们的产生和消失；看到它们的静止，忘了它们的运动；因为它只见树木，不见森林。”[4]

形而上学自然观基本上是唯物主义的，但是不彻底。这种不彻底性除了有社会、历史、文化等外在原因外，也有其内在原因。因为自然界本身是普遍联系的、演化的和发展的，而形而上学自然观则看不到这种联系、演化和发展，认为自然界从来如此，今后还会如此。它要解释自然界的产生、演化和发展就需要借助超自然因素或力量，就会有牛顿关于神对于行星运行的“第一推动力”，就会有“创世说”，从而滑到唯心主义，接受神或上帝的存在。

第三，近代自然科学后期（18 世纪后期到整个 19 世纪）的发展在形而上学自然观上打开了一个个缺口，导致辩证唯物主义自然观的产生。

18 世纪中叶以后特别是进入 19 世纪以来，自然科学在天文学、地质学、物理学、化学、生物学等领域都取得了突破性进展。在天文学中，1755 年德国哲学家康德（1724—1804）发表了《自然通史和天体论》，提出了天体起源的星云说，即认为包括太阳系在内的宇宙中的天体是由原始的星云，经过吸引和排斥的矛盾运动，逐渐形成的。1796 年法国科学家拉普拉斯（1749—1827）提出了与康德星云说类似的星云说，认为包括太阳系在内的宇宙星体是由原始炽热的星云，通过冷却收缩形成的。由于拉普拉斯的星云说有更加严格的数学和力学论证，并且人们通过光谱分析还发现了炽热的星云团的存在。这样，康德－拉普拉斯星云说得到人们的重视，产生了很大影响。星云说在形而上学自然观上打开了第一个缺口，表明宇宙天体，特别是太阳系不是从来如此，而是逐渐形成的，并且是通过自身的矛盾运动逐渐形成的，不需要神创，也不需要“神的第一推动力”。

在地质学中，1830—1833 年英国地质学家赖尔（1798—1875）发表《地质学原理》（1—3 卷），针对当时流行的法国古生物学家居维叶（1769—1832）的地质“灾变论”，提出地质渐变论，用大量确凿的事实说明，地球地壳的变化，不是超自然力量或者巨大的灾变造成的，而是由于常见的自然力，如风、雨、温度、水流、潮汐、冰川、火山、地震等等，在漫长的时间里逐渐形成的。赖尔的地质渐变论在形而上学自然观上打开了第二个缺口，并对达尔文的生物进化论有重要启发。

在物理学中，1842 年德国物理学家迈尔发表了《论无机界的力》这篇论文，表达了物理化学过程中能量守恒的思想，迈尔成为发表能量守恒与转化定律的第一人。差不多同时有多位不同国籍、不同领域的专业或业余爱好者发现了能量守恒与转化定律。这个定律表明，自然界中的各种力（机械力、电力、磁力、热力、化学亲和力等等）具有内在联系和统一性，从而在形而上学自然观上打开了第三个缺口。恩格斯本人对能量守恒与转化定律非常重视，不仅把它作为 19 世纪的三大发现之一，称其为“伟大运动的基本定律”，而且对其加以概括和总结，指出“运动的不灭不能仅仅从数量上去把握，而且还必须从质量上去理解”[5]。所谓量的方面，是指物质的运动既不能创造，也不能消灭，只能按照当量关系进行转化；所谓质的方面，是指物质各种运动形式的相互转化的能力不会丧失。这对于破除克劳修斯的宇宙热寂说很有意义。

在化学上，18 世纪末至 19 世纪下半叶取得了一系列突破性进展，其中道尔顿的原子论和阿伏伽德罗的分子论、德国化学家味勒人工合成尿素、俄国化学家门捷列夫提出元素周期律对形而上学自然观有很大冲击。原子论和分子论为辩证唯物主义自然观奠定了更加坚实的物质基础；人工合成尿素填平了无机界和有机界之间的鸿沟；元素周期律不仅很好地说明了辩证法的量转化为质的规律，而且对宇宙的演化，特别是从轻核元素到重核元素的演化很有启发意义。

在生物学中，细胞学说和达尔文的生物进化论给形而上学自然观以致命打击。1838 年德国植物学家施莱登提出了植物细胞结构理论，认为一切植物有机体都是由细胞发展出来的。1839 年德国动物学家施旺进一步提出整个生物界都是由细胞构成的理论，即动物和植物的区分不是绝对的，一切生命有机体都是简单的细胞分裂、增殖和发展后形成的，整个有机界有着内在联系和有机统一性。1859 年英国生物学家达尔文发表了《物种起源》，在借鉴前人研究成果的基础上，提出了生物进化论，认为通过生存竞争、适者生存，使得生物界由低级到高级不断进化。这给物种不变和神创论以致命打击。

总之，这一时期自然科学主要部门的突破性进展在形而上学自然观上打开了一个个缺口，展现了自然界相互联系、发展变化的关系，同时也为辩证唯物主义自然观的确立奠定了坚实的科学基础。正如恩格斯所说："新的自然观的基本点是具备了：一切僵硬的东西融化了，一切固定的东西消散了，一切被当作永久存在的特殊东西变成了转瞬即逝的东西，整个自然界被证明是在永恒的流动和循环中运动着。"[6] 马克思和恩格斯正是在概括和总结这些自然科学成就的基础上，创立了辩证唯物主义自然观。

辩证唯物主义自然观除了以近代后期自然科学成就为基础外，还继承了古代朴素的唯物论和辩证法思想，其不仅在整体上而且在细节上都超过了古希腊哲学思想。从古代朴素的自然观，到形而上学的自然观，再到辩证唯物主义自然观，不是简单的复归，而是否定之否定和螺旋式上升。

恩格斯当时已经意识到，辩证唯物主义自然观的建立是基于当时已有的自然科学成就，但自然科学是加速发展的，随着自然科学的发展，不仅可以填补本身的“缺陷”，而且会不断地证实乃至发展辩证唯物主义自然观。

20 世纪以来自然科学的发展证实和丰富了辩证唯物主义自然观。在天文学中，诞生了现代宇宙学，特别是大爆炸宇宙学，不仅表明宇宙的产生和演化的宏观过程，而且能从粒子物理学详尽地阐明从基本粒子到原子、从轻核原子到重核原子、从炽热混沌状态到各类星体的形成和演化，等等，从而科学地、清晰地描绘出一幅宇宙发展变化图景。在地质学中，从大陆漂移说到板块构造理论，表明地壳处在不断变化之中。在物理学中，量子力学和相对论的建立，进一步说明物质形态和运动形式的多样性以及物质、运动、时间、空间的内在联系及其相互作用的规律性。在化学和生物学中，一系列生物大分子的人工合成、DNA 双螺旋的发现、核酸和蛋白质的组成和结构的发现、遗传密码的破译和遗传法则的发现、人类基因图谱的破译，以及基因工程、蛋白质工程、细胞工程、克隆技术的发展，不仅进一步填平了有机界与无机界的鸿沟，而且更深入、更系统地表明了生命的本质和统一性。

二 |《导言》的第二部分

该部分以辩证唯物主义自然观为指导，基于当时的科学进展，恩格斯概述了自然界的辩证发展过程，从而体现出辩证法来自于自然界而不是注入自然界。这一部分主要从两个方面进行阐述：一是从原始星云到人类社会的演化和发展；二是自然界无限循环和发展过程。

（一）从原始星云到人类社会的演化和发展

从原始星云到人类社会只是自然界无限发展过程的一个阶段。恩格斯描述了从原始星云到太阳系及地球的产生，从无机界到有机界的发展，从生命起源到人类起源及人类社会的发展。这是一种从简单到复杂、从低级到高级不断分化和演化的辩证发展过程。

首先，恩格斯根据康德－拉普拉斯的星云说简述了天体、星系的起源和发展，即认为银河系和河外星系、太阳系及太阳、行星和卫星是由炽热的星云，经过吸引和排斥的相互作用，不断地冷却和收缩，逐渐演化发展形成的。康德－拉普拉斯星云说是 18 世纪下半叶提出的，19 世纪得到公认，但 20 世纪以来的现代天文学特别是现代宇宙学的诞生和发展，使人们对宇宙和天体的起源与演化的认识有了很大的发展。但这种认识的发展可以分为哲学层面和科学层面。在哲学层面，现代天文学和宇宙学不断证明康德－拉普拉斯星云说关于宇宙和天体是不断演化和发展的；在科学层面，现代天文学和宇宙学则取代了康德－拉普拉斯星云说。

例如，大爆炸宇宙学认为宇宙曾有过一段从热到冷的演化史，在这个时期里，宇宙体系并不是静止的，而是在不断地膨胀，使物质密度从密到稀的演化。这一从热到冷、从密到稀的演化过程就如同一次规模巨大的爆发。

根据大爆炸宇宙学的观点，大爆炸的整个过程是：在宇宙的早期，温度极高，在 100 亿度以上。物质密度也相当大，整个宇宙体系达到平衡。宇宙间只有中子、质子、电子、光子和中微子等一些基本粒子形态的物质。

但是，因为整个体系在不断膨胀，结果温度很快下降。当温度降到 10 亿度左右时，中子开始失去自由存在的条件，它要么发生衰变，要么与质子结合成重氢、氦等元素；化学元素就是从这一时期开始形成的。

当温度进一步下降到 100 万度后，早期形成化学元素的过程结束。宇宙间的物质主要是质子、电子、光子和一些比较轻的原子核。当温度降到几千度时，辐射减退，宇宙间主要是气态物质，气体逐渐凝聚成气云，再进一步形成各种各样的恒星体系，成为我们今天看到的宇宙。

再如，现代天文学认为，恒星的起源和演化大体可以分为三个阶段：早期阶段，主要是气体云在引力的作用下形成恒星；中期阶段，星体内部开始进行核反应，直到核燃料消耗完为止，太阳就处于此阶段；晚期阶段，当核反应结束后，一些恒星会膨胀成为星际气体，一些恒星会坍缩成为各种致密天体，如白矮星、中子星、黑洞等。

在太阳系形成的过程中，太阳外围的尘埃相互结合，形成原始行星和卫星。原始地球也开始形成，地表温度慢慢升高。随着温度继续上升，表面物质开始熔化。这些熔融物质类似火山岩浆，覆盖在地球表面。随着岩浆覆盖面积逐渐增大，其中的挥发性物质逸出，形成了原始的大气。这种大气以水和碳酸气为主要成分，气压是现在的 100 多倍。后来，大气温度下降，大气中的水蒸气变成了水，降到地面形成了原始的海洋。这样，地球表面逐渐形成了岩石圈、水圈和气圈，此后又出现比较复杂的地质的、气象的运动变化。

接着，恩格斯阐述了地球上生命的起源和演化，认为“生命是蛋白体的存在方式”。恩格斯指出，“如果温度降低到至少相当大的一部分地面上不超过蛋白质能在其中生存的限度，那末在其他适度的化学的先决条件下，生命的原生质便形成了”[7]。恩格斯关于生命起源和本质的上述思想是在辩证唯物主义自然观的指导下，基于当时还很不充分的相关科学成就而大胆提出的。100 多年的科学发展表明，恩格斯的基本思想或大的思路是正确的，当然，需要补充和完善。现代科学表明，除了蛋白质，还有核酸，两者共同成为生命的原生质的基本物质。现代科学还对生命起源和演化的过程有更清晰的认识，即从原始地球的水、氢气、氨气、甲烷等简单化学物质，在原始地球的环境下能够生成组成蛋白质和核酸的多种生物小分子（1953 年，米勒模拟实验[8]）；这些生物小分子可以通过化学的途径合成蛋白质和核酸；蛋白质和核酸通过相互配合能形成原生质。然后，通过一系列分化和组合，不断进化，从单细胞生物到多细胞生物，从低等生物到高等生物，最终出现人类和人类社会。

随后，恩格斯阐述了人类的起源、演化和人类社会的发展。恩格斯认为，人类的出现是生物界不断分化和进化的产物，“人也是由分化产生的”[9]。从个体发育来看，人是从一个受精卵分化发育出来的最复杂的有机体。从生物系统进化来看，人类是古代类人猿通过劳动进化而来的。劳动促进了手、脚分工和直立行走；劳动（特别是集体劳动）促进了语言的产生和发展；劳动促进了人脑、思维和智慧的发展。

随着人类的出现，就开始了人类历史，特别是开始了人类主动创造历史的进程。“人类离开狭义的动物愈远，就愈是有意识地自己创造自己的历史，未能预见的作用、未被控制的力量对这一历史的影响就愈小，历史的结果和预定的目的就愈加符合。”[10] 随着人类认识世界和改造世界能力的提高，人类越能按照自己的意愿，有目的、有计划地组织社会活动和经济活动，使自然和社会越来越适合人类的生存和发展。然而，在当时的资本主义国家，由于生产资料的私有制和自由竞争的市场经济，虽然生产能力有很大提高，但劳苦大众却日益贫困，十年一次经济大危机不断发生。而当时的经济学家们却把达尔文生物进化论所揭示的动物界的自由竞争、生存斗争当作人类社会的最高历史成就而加以颂扬。这对人类是多么辛辣的讽刺。

“只有一个在其中有计划地进行生产和分配的自觉的社会生产组织，才能在社会关系方面把人从其余的动物中提升出来，正像一般生产曾经在物种方面把人从其余的动物中提升出来一样。”[11] 这就是说，只有推翻资本主义，建立社会主义和共产主义，全社会不是自发地而是有计划地组织生产和分配，人类才能摆脱盲目的动物状态，得到有序、健康发展。“一种新的历史时期将从这种社会生产组织开始，在这个新的历史时期中，人类自身以及他们的活动的一切方面，特别是自然科学，都将突飞猛进，光耀夺目，使以往的一切都黯然失色。”[12]

（二）自然界无限循环和发展过程

“一切产生出来的东西，都一定要灭亡。”[13] 恩格斯用这一辩证法的重要思想说明，任何有限的事物都有生有灭。多少亿年以后，随着太阳热量的不断减少，地球上的人类和生物也会逐渐减少，最终消亡。地球和其他行星、太阳系、银河系、总星系都将不可避免地走向灭亡。

而当太阳系灭亡以后将会怎样呢？“是不是太阳的残骸将永远作为残骸在无限的空间里继续运转，而一切以前曾无限多样地分化了的自然力，都将永远地变成吸引这样一种运动形式呢？”[14] 根据现有科学知识，人们还不能给出确切的答案。这就“必须用思想的首尾一贯性去帮助有缺陷的知识”，“必须从哲学那里采纳运动不灭的原理”[15]，才能给出理性的回答。恩格斯强调：“运动的不可灭性不能仅仅从量上，而且还必须从质上去理解。”[16] 所谓量上的不灭，就是物质从一种运动形式转化为另一种运动形式有恒定的数量关系。所谓质上的不灭，就是各种运动形式的相互转化具有无限性，从而保持运动形式的多样性。恩格斯之所以强调运动在质上的不灭，是因为如果仅仅承认运动在量上的不灭将会导致“热寂说”。当时一些科学家根据热力学第二定律，即能量转化有方向性，其他形式的能量可以完全转化为热能，而热能不能完全转化为其他形式的能，得出的最终的结果就是，宇宙中各种形式的能都转化成为热能，而热能会散发到无际的宇宙空间，导致死寂的宇宙。如果运动不仅在量上守恒，而且在质上不灭，这就会得出，不仅太阳系能够从生到死，而且还会从死到生，进而得出宇宙的无限发展。恩格斯进而得出：“放射到宇宙空间中去的热一定有可能通过某种途径（指明这一途径，将是以后某个时候自然研究的课题）转变为另一种运动形式，在这种运动形式中，它能够重新集结和活动起来。这样，阻碍已死的太阳重新回过头来转化为炽热的星云的主要困难便消失了。”[17]

宇宙在时间上的无限与空间上的无限具有内在联系。“无限时间内天体的永恒重复的先后相继，不过是无限空间内无数天体同时并存的逻辑的补充。”[18] 宇宙的无限不是抽象的，而是由无限多个有限物质所构成的。从时间上看，无数个有限物质有生有灭，无限循环和演变；从空间上看，无限多样的具体事物同时并存。承认后者必然会承认前者，而承认前者才会保证后者。

总之，宇宙或自然界是在物质运动无限循环中无限发展变化着。“物质在它的一切变化中永远还是物质，它的任何一个属性都不会丧失，因此，物质虽然在某个时候一定以铁的必然性在地球上毁灭自己最高的精华——思维着的精神，而在另外的某个地方和另外的某个时候一定又以同样的铁的必然性把它重新产生出来。”[19]

三 | 札记的主要思想

第一，自然科学的发展依赖生产的发展及其他社会条件。恩格斯通过考察自然科学各个部门的循序渐进和相互作用指出，“科学的发生和发展一开始早就被生产所决定”[20]。“如果说，在中世纪的黑夜之后，科学以预料不到的力量一下子重新兴起，并且以神奇的高速发展起来，那末，我们要再次把这个奇迹归功于生产。”[21]这就是说，自然科学的发生和发展依赖于生产，这是第一的或基本的方面。当然，自然科学的发展又会促进生产的发展，进而相互作用、共同发展。

自然科学的发展还需要其他社会条件。恩格斯通过阐述欧洲文艺复兴时期不是古希腊的简单再现，而是“否定之否定”，是更高层次的发展，说明近代自然科学诞生和发展的新的社会条件，并且离不开这样的社会条件。

第二，人们自然观的发展与自然科学的发展有着密切的联系。自然科学的发展不断打击宗教神学和唯心主义自然观，不断促进唯物主义自然观的发展。“上帝在信仰他的自然科学家那里所得到的待遇，比在任何地方所得到的都更坏。”[22]“在科学的猛攻之下，一个又一个部队放下了武器，一个又一个的堡垒投降了，直到最后，自然界全部无限的领域都被科学所征服，而且不再给造物主留下一点立足之地。”[23]即使一些自然科学家还有宗教观念，但其作用会受到很大限制。“牛顿还让上帝来作‘第一推动’，但是禁止上帝在他的太阳系中进行任何进一步的干涉。”[24]

【本章注释】

[1] [德] 恩格斯：《自然辩证法》，于光远等译编，人民出版社 1984 年版，第 3 页。

[2] [德] 恩格斯：《自然辩证法》，于光远等译编，人民出版社 1984 年版，第 6 页。

[3] [德] 恩格斯：《自然辩证法》，于光远等译编，人民出版社 1984 年版，第 9 页。

[4] [德] 恩格斯：《反杜林论》，人民出版社 1970 年版，第 19 页。

[5] [德] 恩格斯：《自然辩证法》，于光远等译编，人民出版社 1984 年版，第 21 页。

[6] [德] 恩格斯：《自然辩证法》，于光远等译编，人民出版社 1984 年版，第 15 页。

[7] [德] 恩格斯：《自然辩证法》，于光远等译编，人民出版社 1984 年版，第 17 页。

[8] 米勒模拟实验（Miller's simulated experiment）是一种模拟在原始地球还原性大气中进行雷鸣闪电能产生有机物（特别是氨基酸），以论证生命起源的化学进化过程的实验。1953 年由美国芝加哥大学研究生米勒（S.L.Miller）在其导师尤利（H.C.Urey）指导下完成。

[9] [德] 恩格斯：《自然辩证法》，于光远等译编，人民出版社 1984 年版，第 17 页。

[10] [德] 恩格斯：《自然辩证法》，于光远等译编，人民出版社 1984 年版，第 18 页。

[11] [德] 恩格斯：《自然辩证法》，于光远等译编，人民出版社 1984 年版，第 19 页。

[12] [德] 恩格斯：《自然辩证法》，于光远等译编，人民出版社 1984 年版，第 19 页。

[13] [德] 恩格斯：《自然辩证法》，于光远等译编，人民出版社 1984 年版，第 19 页。

[14] [德] 恩格斯：《自然辩证法》，于光远等译编，人民出版社 1984 年版，第 20 页。

[15] [德] 恩格斯：《自然辩证法》，于光远等译编，人民出版社 1984 年版，第 20 页。

[16] [德] 恩格斯：《自然辩证法》，于光远等译编，人民出版社 1984 年版，第 21 页。

[17] [德] 恩格斯：《自然辩证法》，于光远等译编，人民出版社 1984 年版，第 22 页。

[18] [德] 恩格斯：《自然辩证法》，于光远等译编，人民出版社 1984 年版，第 23 页。

[19] [德] 恩格斯：《自然辩证法》，于光远等译编，人民出版社 1984 年版，第 23 页。

[20] [德] 恩格斯：《自然辩证法》，于光远等译编，人民出版社 1984 年版，第 27 页。

[21] [德] 恩格斯：《自然辩证法》，于光远等译编，人民出版社 1984 年版，第 27 页。

[22] [德] 恩格斯：《自然辩证法》，于光远等译编，人民出版社 1984 年版，第 33 页。

[23] [德] 恩格斯：《自然辩证法》，于光远等译编，人民出版社 1984 年版，第 33 页。

[24] [德] 恩格斯：《自然辩证法》，于光远等译编，人民出版社 1984 年版，第 33 页。

第三章 自然科学和哲学

在［自然科学和哲学］部分包括两篇论文，即“《反杜林论》旧序、论辩证法”和“神灵世界中的自然科学”，还包括 15 个札记。在这 15 个札记中只有“毕希纳”被冠以［形而上学派和辩证法派］标题，其他 14 个被冠以［自然科学家得受哲学的支配］标题。

一 |《反杜林论》旧序、论辩证法

这篇论文原打算作为《反杜林论》一书的序言，可能恩格斯写出此文后感觉作为书的序言，篇幅太长了，又为《反杜林论》写了一篇较短的序言，而把此文称为“《反杜林论》旧序、论辩证法”，并将此文放入《自然辩证法》手稿第二束（自然研究和辩证法）中。本文可以分为三部分：

（一）《反杜林论》写作的起因和目的

恩格斯放下《自然辩证法》的写作而写《反杜林论》绝不是由于“内心冲动”，而是应德国社会民主党领导人李卜克内西（1826—1900）的要求，为捍卫和系统阐述马克思主义而写的。杜林（1833—1912）出生于德国一个大官僚家庭。他是柏林大学讲师，小资产阶级思想家。早在 1867 年，马克思的《资本论》第一卷出版后，他就写文章“批判”《资本论》。可是，在 1875 年前后，他摇身一变，宣布他改信社会主义，并以社会主义“改革家”自居，扬言要在科学中实行一次全面的“改革”。他著书立说，发表了一系列著作，阐述其反马克思主义的思想体系，并在党内和工人群众中产生了严重的影响。恩格斯针对杜林的哲学、政治经济学和社会主义理论的种种观点，写了一系列批判文章，并于1877年1月至1878年7月期间发表在《前进报》上，随后汇编成《反杜林论》一书。因此，《反杜林论》也是一部系统阐述马克思主义的三个组成部分（哲学、政治经济学、科学社会主义）及其内在联系的经典著作。

（二）自然科学进入理论领域非常需要辩证法及理论思维

进入19世纪，从总体上看自然科学从以前的搜集材料为主进入整理材料为主的理论综合阶段，经验的认识方法不够用了，需要运用理论思维方法。但当时很多科学家深受经验主义和形而上学思想方法的影响，不利于自然科学理论的发展。

当自然科学进入理论综合阶段，“建立各个知识领域相互间的正确联系，也同样成为不可避免的。因此，自然科学便走进了理论的领域，而在这里经验的方法就不中用了，在这里只有理论思维才能有所帮助。”[1]而要培养人们的理论思维能力，就需要学习以往的哲学，掌握辩证法。“恰好辩证法对今天的自然科学来说是最重要的思维形式，因为只有它才为发生于自然界中的发展过程，为自然界中的普遍联系，为从一个研究领域到另一个研究领域的过渡提供类似物，并从而提供说明方法。”[2]

以往的哲学，包括历史上的辩证的自然观念或辩证的自然图景，能给自然科学的理论综合提供启示。例如，古希腊的原子论就能为19世纪道尔顿以来的原子论提供很多重要启示。而那些埋头于经验的科学家，不了解以往的哲学和思维的历史发展，往往要走很多弯路，很难有理论上的建树。“熟知人的思维的历史发展过程，熟知各个不同的时代所出现的关于外在世

道尔顿（1766—1844）

界的普遍联系的见解，对理论自然科学来说也是必要的，因为这为理论自然科学本身所建立起来的理论提供了一个准则。”[3] 恩格斯还强调，“一个民族想要站在科学的各个高峰，就一刻也不能没有理论思维”[4]。并对当时德国哲学领域的倒退和自然科学领域忽视辩证法的现象提出批评，“正当自然过程的辩证性质以不可抗拒的力量迫使人们不得不承认它，因为只有辩证法能够帮助自然科学战胜理论困难的时候，人们却把辩证法和黑格尔派一起抛到大海里去了，因而又无可奈何地陷入了旧的形而上学”。因而“最终的结果是现在盛行的理论思维的纷扰和混乱”。[5] 要克服这种纷扰和混乱就需要实现“从形而上学的思维复归到辩证的思维”[6]。

（三）学习辩证法能加快自然科学家“复归到辩证法思维”

恩格斯指出，这种复归有自发和自觉两种道路。所谓自发的道路就是“仅仅由于自然科学的发现本身所具有的力量而自然地实现”[7]，但这是一条漫长的、困难的道路。所谓自觉的道路就是“仔细研究辩证哲学”，特别是古希腊哲学和德国古典哲学，能大大地缩短这一进程，可以说是一条捷径。

《路德维希·费尔巴哈和德国古典哲学的终结》

古希腊哲学是辩证哲学的一个形态，它把自然界作为一个相互联系、相互作用的整体加以考察，虽然在细节方面不如17世纪和18世纪的形而上学，但在总的方面则胜过形而上学。古希腊哲学还有很多天才思想的萌芽，对近、现代自然科学理论的建立和发展有很大启发。

德国古典哲学（从康德到黑格尔）是辩证哲学的第二个形态，特别是黑格尔的辩证法对自然科学理论的建立和发展很有启发意义。黑格尔的辩证法是唯心主义的、“头足倒立”的辩证法，但它系统地阐述了事物的联系和发展。只要去掉其唯心主义，就能发现其合理内核，对自然科学理论的建立和发展有很大启发。

为了阐明对黑格尔“头足倒立”的辩证法再正过来的态度，恩格斯还与科学史上的一些案例进行类比，指出“在自然科学本身中，我们也常常遇到这样一些理论，在这些理论中真实的关系被颠倒了，映像被当作了原形，因而这些理论需要一个同样的倒置”[8]。例如，从热素说到机械的热理论，从燃素说到拉瓦锡的氧化理论就属于这种情况。

对于当今的科学家而言，虽然恩格斯所提出的学习古希腊哲学和德国古典哲学仍有助于提高辩证思维能力，但更重要的是学习唯物辩证法，掌握辩证唯物主义自然观、科学观和认识论与方法论。

二｜神灵世界中的自然科学

这篇论文的题目本身就是一种讽刺，即讽刺一些自然科学家，采取经验主义的态度，把所谓的神灵和江湖骗术当做自然科学的研究对象。这篇论文着重揭示经验主义对自然科学的危害，强调辩证思维对自然科学的重要性。

经验无疑是自然科学研究的基础，但如果片面地强调经验，轻视理论思维就会走向反面，成为降神术和江湖骗术的牺牲品。近代自然科学的始祖弗朗西斯·培根（1561—1626）和最重要奠基者艾萨克·牛顿（1643—1727）都曾经片面强调经验和归纳法而走入歧途。培根“早就渴望他的新的经验归纳法被用来首先达到延长人的寿命，某种程度上的返老还童，改变身体的形态和容貌，把一个躯体换成另一个躯体，创造新的人种，获得腾空飞行和引起暴风雨的本领（现在看来，培根当时一些想法仍是幻想）。”[9] 牛顿“在晚年也埋头于注释约翰启示录”[10]。

这篇论文重点的批判对象是当时三位受经验主义严重影响而走入歧途的科学家：阿尔弗勒德·华莱士、威廉·克鲁克斯、策耳纳。

华莱士是“和达尔文同时提出物种通过自然选择发生变异的理论”的功勋卓著的动物学家兼植物学家，但却于 1875 年出版《论奇迹和现代唯灵论》，说他本人对催眠颅相学的关注和研究起始于 1844 年，并很热情地研究了它。由于华莱士“并不是去探究这种江湖骗术的真相，而是不惜代价地去使所有的现象重现出来”。“终于相信了催眠颅相学的奇迹，这样他的一只脚已踏进神灵世界中去了。”“到 1865 年，他的另一只脚也跟着踏进去了。当他在热带地方旅行了十二天回来以后，桌子跳舞的降神术实验使他加入了各种神媒的团体。”“他希望我们不仅要相信霍姆、达文波特兄弟，以及其他或多或少表现出是为了钱并且大部分一再地被揭露出骗子面目的‘神媒’们的一切所谓的奇迹，而且也要相信许多从很古的时候起就被信以为真的神灵故事。”[11]

恩格斯还根据自己的亲身经历和科学分析，揭露江湖术士表演所谓催眠颅相学的骗人把戏，指出“华莱士先生的热情却使得他一再地自己欺骗自己”，批评“华莱士先生对于这些奇迹在科学上的确立和证实，是处理得何等轻率”[12]。

现在看来，对于一个科学家而言，华莱士相信降神术明显是走入了歧途，而对于他相信催眠颅相学也是走入了歧途则需要加以说明，因为后者往往更容易披上科学的外衣。催眠颅相学是当时催眠学说和颅相学拼凑而成的江湖骗术。当时的催眠的学说是动物磁力说，由奥地利医生麦斯默尔（1734—1815）提出，即认为人的身体内有一种神秘的“动物磁力”，可以传给其他人，影响其精神和肉体，驱散病魔。颅相学是德国医生（也是解剖学家和心理学家）加尔（1758—1828）所创立的，即把脑的生理研究与脑型、颅骨的形状简单地混同起来，认为人脑是心理活动的器官，脑的各区域是心理活动的特殊器官，而人脑的型式与颅骨的外形相当。显然，颅相学用颅骨外形推断人类的复杂心理活动是错误的。催眠颅相学则是江湖术士们利用两个远非正确的学说，特别是其神秘主义部分拼凑而成的伪科学。

威廉·克鲁克斯是英国化学家，是化学元素铊的发现者和辐射计的发明者。“克鲁克斯先生大约从 1871 年起开始研究唯灵论者所宣布的那些东西，为着这个目的应用了一整套物理学的和力学的仪器，弹簧秤、电池等等。”[13] 但他并没有戴着更重要的“仪器”——怀疑——批判的头脑来进行研究，因而很快就像华莱士一样，被“神媒”完全俘获了。

克鲁克斯还把他对神媒的很多研究写成了一本书，名为《灵学现象研究》，并成为 1882 年伦敦灵学研究学会的创始者之一。事实上，克鲁克斯在对神媒现象进行观察和研究时，已经失去了科学家最基本的品质，当“神媒”库克小姐在降神会上的造假被揭穿后，他没有表现出一个科学家应有的科学态度，甚至参与造假活动。

策耳纳是德国莱比锡大学的教授，物理学家和天文学家。他企图通过研究“四维空间”里的种种奇迹，证明神灵的存在。他“多年来埋头研究空间的‘第四维’并且发现在三维空间里不可能出现的许多事情，在一个四维空间里却是不言而喻的”。这正如恩格斯所指出的：“神灵证明了第四维的存在，正如同第四维保证了神灵的存在一样。”“根据神灵世界最近传来的捷报，策耳纳先生现在请求一个或几个神媒帮助他确定第四维中的各种细节。结果据说是惊人的。……一句话，神灵是可以极其容易地完成第四维的一切奇迹的。”[14] 两者都是虚幻之谈。事实上，第四维空间只是研究某些含有四个变量的函数性质的一种数学方法，并不是说现实世界存在四维空间，现实世界的空间还是三维的，即长、宽、高。爱因斯坦相对论所用的“四维时空”是为了表明时间和空间有密切联系，即描写空间的三个变量加上描写时间的一个变量。显然，鼓吹现实世界的空间是四维或多维的，是灵学家们的凭空捏造，以便使人们相信各种江湖骗术。

恩格斯在揭露和科学地分析、批判了催眠颅相学、降神术、第四维空间等以后指出，从自然科学到神秘主义的最可靠途径就是蔑视一切理论、不相信一切思维的最肤浅的经验论。“证明神灵存在的不是先验的必然性，而是华莱士先生、克鲁克斯先生之流的经验的观察。”[15] 随后，恩格斯提出了他的著名论断：“人们蔑视辩证法事实上是不能不受惩罚的。人们可以对一切理论思维随便怎么样轻视，可是没有理论思维，人们就是两件自然界的事实也不能联系起来，或者对二者之间所存在的联系都不能了解。”[16]

恩格斯还深刻地指出：“事实上，单凭经验是对付不了唯灵论者们的。第一，那些高级的现象，只是在有关的研究者已经着迷到——正像克鲁克斯自己天真地叙述的那样——只看得见他应当或希望看到的东西时，才能够显现出来。第二，唯灵论者们毫不在乎成百件的所谓事实被揭露出是骗局，成打的所谓神媒也被揭露出是一些平凡的江湖骗子。除非把那些所谓奇迹每一件每一件地揭穿，否则他们仍然留有足够的活动地盘，就像华莱士利用伪造的神灵照片明明白白的所说的一样。伪造的东西的存在，正好证明了真实的东西的真实。”[17]

历史有着惊人的相似性。20 世纪 80 年代在我国流行的耳朵认字、意念制动等特异功能现象与恩格斯当年揭露和批判的催眠颅相学、降神术、第四维空间等江湖骗术极为相似。特别是当特异功能的表演不成功或假象被揭穿以后，其表演者和特异功能支持者的辩解理由也与恩格斯所揭露的辩解理由相似，其辩解的理由包括，由于在场的一些观察者不相信特异功能表演，造成了不利的“气场”，导致表演不成功；或者特异功能的出现是有概率的。甚至当特异功能的造假被揭露出来以后，也有辩解理由，诸如鱼龙混杂，不能因此而否定特异功能，等等。同样的，我国也有一些科学家在特异功能面前，单凭“眼见为实”而忽视理论思维，结果上当受骗。

三 | 形而上学派和辩证法派——毕希纳

毕希纳（1824—1899）这篇札记被编者冠以“形而上学派和辩证法派”。这篇较长的札记主要是批判以毕希纳等为代表的庸俗的唯物主义，即形而上学派，阐明辩证唯物主义对自然科学发展的必要性。恩格斯指出，19 世纪自然科学的发展，揭示了自然界各种事物的联系和相互转化关系，形而上学的观念站不住脚了。然而，“大批自然科学家还始终束缚在旧的形而上学的范畴内，而且在必须合理地解释这些可以说是证实了自然界中辩证法的最新的事实并把它们彼此联系起来的时候，便束手无策”[18]。这时，唯物辩证法对自然科学的发展就非常必要了。“摆脱神秘主义的辩证法变成了自然科学绝对必需的东西，因为自然科学家已经离弃了那种有了固定不变的范畴就已经够用的领域。”[19]

四 | 自然科学家得受哲学的支配

这一部分有 14 篇札记，阐述自然科学家得受哲学的支配，主要包括两个方面：

第一，批判经验主义，阐明理论思维对自然科学的发展有重要意义。恩格斯指出：“自然科学家可以采取他们所愿意采取的那种态度，他们还是得受哲学的支配。问题只在于：他们是愿意受一种坏的时髦哲学的支配呢，还是愿意受一种建立在通晓思维的历史和成就的基础上的理论思维的形式的支配？”[20] 恩格斯还提到一些理论思维的案例，例如，“奥肯沿着思维的道路发现了原生质和细胞”[21]，后来果然发现了原生质和细胞。再如，牛顿在理论上提出地球是扁球体（极地半径比赤道半径短），而后来法国天文学家卡西尼则基于当时不精确的经验测量认为，地球是椭球形的（极地半径比赤道半径长）。后来证明牛顿是正确的，只是地球的扁度不是牛顿计算的1/230，而是 1/334。这些都说明理论思维对自然科学的发展有重要作用。

第二，批判海克尔理论上的混乱和机械论观点。海克尔（1834—1919）是德国著名生物学家，是达尔文进化论的坚定支持者。恩格斯指出，海克尔基于所谓的唯物主义而断言“物料创造了力”是错误的。“这和力创造了物料的论断是同样错误的，因为力和物料是不可分的。”[22] 海克尔的唯物主义其实是机械唯物主义。恩格斯还批判了海克尔机械的因果论把机械论与一元论、目的论与二元论混为一谈。

【本章注释】

[1] [德] 恩格斯：《自然辩证法》，于光远等译编，人民出版社 1984 年版，第 45 页。

[2] [德] 恩格斯：《自然辩证法》，于光远等译编，人民出版社 1984 年版，第 46 页。

[3] [德] 恩格斯：《自然辩证法》，于光远等译编，人民出版社 1984 年版，第 46 页。

[4] [德] 恩格斯：《自然辩证法》，于光远等译编，人民出版社 1984 年版，第 47 页。

[5] [德] 恩格斯：《自然辩证法》，于光远等译编，人民出版社 1984 年版，第 47 页。

[6] [德] 恩格斯：《自然辩证法》，于光远等译编，人民出版社 1984 年版，第 48 页。

[7] [德] 恩格斯：《自然辩证法》，于光远等译编，人民出版社 1984 年版，第 48 页。

[8] [德] 恩格斯：《自然辩证法》，于光远等译编，人民出版社 1984 年版，第 51 页。

[9] [德] 恩格斯：《自然辩证法》，于光远等译编，人民出版社 1984 年版，第 52 页。

[10] [德] 恩格斯：《自然辩证法》，于光远等译编，人民出版社 1984 年版，第 52 页。

[11] [德] 恩格斯：《自然辩证法》，于光远等译编，人民出版社 1984 年版，第 55 页。

[12] [德] 恩格斯：《自然辩证法》，于光远等译编，人民出版社 1984 年版，第 55 页。

[13] [德] 恩格斯：《自然辩证法》，于光远等译编，人民出版社 1984 年版，第 57 页。

[14] [德] 恩格斯：《自然辩证法》，于光远等译编，人民出版社 1984 年版，第 60 页。

[15] [德] 恩格斯：《自然辩证法》，于光远等译编，人民出版社 1984 年版，第 61 页。

[16] [德] 恩格斯：《自然辩证法》，于光远等译编，人民出版社 1984 年版，第 62 页。

[17] [德] 恩格斯：《自然辩证法》，于光远等译编，人民出版社 1984 年版，第 62 页。

[18] [德] 恩格斯：《自然辩证法》，于光远等译编，人民出版社 1984 年版，第 66 页。

[19] [德] 恩格斯：《自然辩证法》，于光远等译编，人民出版社 1984 年版，第 66 页。

[20] [德] 恩格斯：《自然辩证法》，于光远等译编，人民出版社 1984 年版，第 68 页。

[21] [德] 恩格斯：《自然辩证法》，于光远等译编，人民出版社 1984 年版，第 70 页。

[22] [德] 恩格斯：《自然辩证法》，于光远等译编，人民出版社 1984 年版，第 71 页。

第四章 自然界的辩证法、辩证法的规律和范畴

这一部分只有《辩证法》这一篇论文，还有17篇札记（[4.2]—[4.18]）。从《辩证法》这篇论文的开头几段可以看出，本文是要阐述辩证法的一般性质和三个基本规律。但本文的计划没有实现，只写了辩证法的一般性质和质量互变规律。而关于对立统一规律和否定的否定规律，恩格斯只搜集了一些材料，也有一些精辟论述，但并未成文。另外，本部分还对同一性和差异性、必然性和偶然性以札记的形式作了较多的论述，但并未写成完整的论文。这里主要对《辩证法》一文进行导读，然后结合有关札记对对立统一规律和辩证法的有关范畴的内容进行概述。

一 | 辩证法

根据这篇文章的结构，可以分为两个部分：一是辩证法的一般性质；二是关于质量互变规律。

（一）辩证法的一般性质

恩格斯指出，辩证法是和“形而上学相对立的、关于联系的科学”[1]。形而上学又称为机械论哲学，它用孤立、片面、静止的观点看待世界和处理问题，只承认量变不承认质变，只承认位移不承认演化，把事物的变化归结为外因或外力，等等。辩证法则认为世界是普遍联系的，只有把握了事物的各种联系、事物的历史发展，才能理解事物，揭示事物的本质。

恩格斯还指出：“辩证法的规律就是从自然界以及人类社会的历史中概括出来的。辩证法的规律不是别的，正是历史发展的这两个方面和思维本身的最一般的规律。”[2] 这意味着辩证法的规律是从自然、社会和人类思维三个领域中概括和总结出来的，人们按照辩证法的规律看待和分析自然、社会和人类思维，就能客观地反映其本来面貌，得出正确结论。

恩格斯认为，辩证法的规律“可以简化为下面三个规律：量转化为质和质转化为量的规律；对立的相互渗透的规律；否定的否定的规律”[3]。恩格斯接着指出：“所有这三个规律都曾经被黑格尔以其唯心主义的方式只当作单纯的思维而加以阐明：第一个规律是在《逻辑学》的第一部分即存在论中；第二个规律占据了他的《逻辑学》的整个第二部分，而且是最重要的部分，即本质论；第三个规律被描述为整个体系构成的基本规律。”[4] 然而，黑格尔的“错误在于：这些规律是作为思维规律强加在自然界和历史上面的，而不是从它们推导出来的”[5]。这就是说，黑格尔的辩证法是唯心主义的辩证法，是“头足倒立”的辩证法。“如果我们把事情倒过来，那末一切都会变得简单，在唯心主义哲学中显得极端神秘的辩证法的规律就立刻变成简单而且明若白昼了。”[6] 这就是说，只要把黑格尔的辩证法加以唯物主义的改造，把“头足倒立”的辩证法再倒过来，恢复辩证法的本来面目，辩证法并不神秘，而是很简明的。

黑格尔（1770—1831）

恩格斯在这里“只想表明辩证法的规律是自然界的实在的发展规律，因而对理论自然科学也是有效的”[7]。但没有对辩证法三个规律之间的关系进行分析。只是指出，第二条规律，即对立的相互渗透的规律是黑格尔《逻辑学》中最重要的部分，一定意义上包含了这一规律在辩证法三条规律中最重要的思想。后来列宁在《哲学笔记》中提出了对立统一规律是辩证法的实质和核心的思想。

（二）关于质量互变规律

恩格斯用大量自然科学成就，主要是物理学和化学成就，论述了质量互变规律。

恩格斯把此规律称为“量转化为质和质转化为量的规律”，并表述为：“在自然界中，质的变化——对于每一个场合都是以严格地确定的方式进行——只有通过物质或运动（所谓能）的量的增加或减少才能发生。”[8] 接着进一步说明：“自然界中一切质的差别，或是基于不同的化学成分，或是基于运动（能）的不同的量或不同的形式，或是——差不多总是这样——同时基于这两者。所以，没有物质或运动的增加或减少，即没有所考察的物体的量的变化，是不可能改变这个物体的质的。”[9]

质是指一事物区别于他事物的内在规定性。每一事物都有自己特定的内在规定性，这样才能与其他事物区别开来。质变就是事物的性质，即自己的内在规定性发生变化。然而，事物的质有多样性，但对于某一个别场合，事物的质又是完全确定的。例如，水具有物理性质和化学性质，但就水变为冰或水变为蒸汽而言，则只是物理性质发生变化，而化学性质没有变化。此时说水的质变就是指物理性质的变化。量是事物存在和发展的规模、程度、速度等可以用数量来表示的规定性，以及它的构成成分在空间上的排列组合。量变就是在事物的质不变的情况下这些数量及其排列组合的变化。然而，量变达到一定程度，就会引起质变。

首先，恩格斯阐述了物质的运动量（或能量）的变化所引起的质变。物体聚集态的变化，即物质的固态、液态和气态的三态变化就是由分子的运动量的变化引起的物理性质的变化。物质的同素异性体，如石墨和金刚石，是由于碳原子的空间排列和结合方式不同而具有极为不同的化学性质和物理性质。

其次，恩格斯阐述了物质的量的变化所引起的质变。物体从大到小可以分为很多层次，在分到单个分子之前，尽管其物理性质可能发生变化，但其化学性质保持不变。然后，把分子分解为它的各个原子，这就发生了化学变化的质变。恩格斯之后的自然科学发展表明，原子可以分为原子核和电子；原子核又可以分为质子和中子；质子和中子还可以分为更基本的粒子。而每分一次，就是物质从一个层次过渡到另一个层次，就会由于这种量的变化（物质的质量和大小的变化）引起质的变化。

基于当时的自然科学进展，恩格斯从力学、物理学、化学、生物学等多学科阐述了物质由于量的变化所引起的质变，表明质量互变规律是自然界的普遍规律，但重点是质量互变规律在化学上的体现。恩格斯指出："化学可以被称为研究物体由于量的构成的变化而发生质变的科学。"[10] 他分别从由两个氧原子构成的氧气和由三个氧原子构成的臭氧气的性质区别、氮的五种氧化物的不同性质、同系列碳氢化合物性质的联系与区别、元素周期律中由于原子量的不同而导致元素性质的周期性变化等方面阐述了质量互变规律的各种表现。

质量互变规律有重要的方法论意义。恩格斯指出："门捷列夫通过——不自觉地——应用黑格尔的量转化为质的规律，完成了科学上的一个勋业，这个勋业恐怕可以和勒维烈计算尚未知道的行星海王星的轨道的勋业居于同等的地位。"[11] 在门捷列夫发现元素周期律之前，德国化学家迈尔提出了"六元素表"、英国化学家钮兰兹提出"八音律"，特别是后者已经走到了元素周期律的"门口"，但最终的发现落到了门捷列夫的肩上。门捷列夫的高明之处在于不是机械地按照当时已知的元素个数和原子量排列成元素周期表，而是把元素的原子量和其性质结合起来考虑，并由此做了两件事：一是修改了

15 种元素的原子量；二是给未发现的元素留下“空格”。然后，根据修改了的原子量和“空格”把当时已知的元素排列成元素周期表。这样，元素周期表中随着原子量的变化，元素的性质呈现出准确的周期性变化。然而，门捷列夫之所以能够修改原子量和提出“空格”，是因为门捷列夫应用了量转化为质的规律。

尽管恩格斯在这里主要从化学和物理学方面阐述质量互变规律，但“在生物学中，或在人类社会历史中，这一规律在每一步上都被证实了”[12]，只是在生物学和社会历史中的量还不能做到像化学和物理学那样，能精确地度量和追踪。

最后，恩格斯对以前诽谤和质疑质量互变规律而现在又对此规律不以为然的“先生们”给予了批评，指出：“把一个自然界、社会和思维发展的一般规律第一次以普遍适用的形式表述出来，这始终是具有世界历史意义的勋业。”[13] 这再一次强调了质量互变规律的重要性。

二 | 关于对立统一规律

从上述《辩证法》一文开头看，应该阐述“对立的相互渗透规律”和“否定的否定的规律”，但后文对此并未阐述。对于“对立的相互渗透规律”恩格斯写了 10 个札记（[4.3] — [4.4.12]），而对于“否定的否定的规律”恩格斯只摘抄了黑格尔《逻辑学》的几个相关片段。因此，这里仅对“对立的相互渗透规律”，即对立统一规律进行阐述。

恩格斯指出：“所谓客观的辩证法是支配整个自然界的，而所谓主观的辩证法，即辩证的思维，不过是在自然界中到处盛行的对立中的运动的反映，这种对立，通过它们不断地斗争和最后地相互转化或转化到更高的形式，来决定自然界的生活。”[14] 主观辩证法是客观辩证法在人脑中的反映，两者具有一致性，具有辩证关系。对立统一（或矛盾）规律具有客观性和普遍性。无机界的对立的运动表现为吸引和排斥的相互作用，如磁有南极和北极、电有正电和负电、化学有化合和分解。有机界的对立的运动表现为同化和异化、遗传和适应，由简单的细胞进化到复杂的植物、动物和人。社会的对立的运动在民族存亡时期表现得特别显著，只能在两条道路之中选择其一，“非此即彼”。

在一定条件下，对立的双方可以相互转化，既有“非此即彼”，又有“亦此亦彼”。根据进化论和从自然界得到的丰富资料，既存在“非此即彼”，又存在“亦此亦彼”。在脊椎动物与无脊椎动物之间、鱼与两栖动物之间、鸟与爬行动物之间，都存在“亦此亦彼”，因而能够由此及彼，从一种状态演化到另一种状态。在人类语言中也存在“亦此亦彼”的现象，表明人类语言的演化，如“法兰克语是一种既是高地德意志的又是低地德意志的方言”[15]。

“非此即彼”表明事物具有内在规定性和相对稳定性，从而使一事物区别于他事物；“亦此亦彼”表明事物的稳定性是相对的，在一定条件下事物的性质可以转化。这就要求人们，“除了‘非此即彼！’，又在适当的地方承认‘亦此亦彼！’”[16]。

三｜辩证法的有关范畴

按照恩格斯的思路，辩证法既有一般性质，又有上述三个规律，还有一些范畴。这里阐述了辩证法的三对范畴：同一和差异、偶然性和必然性、原因和效果。

（一）同一和差异

这里有两个札记（[4.15][4.16]）阐述同一和差异。对待同一性存在形而上学和辩证法两种对立的观点，形而上学把同一和差异完全割裂和对立起来，认为同一中不能存在差异，而辩证法认为同一自身包含着差异。恩格斯从无机界、有机界及思维等方面批判了前者，阐明了后者。

在无机界中，同一中有差异。“每一个物体都不断地受到力学的、物理的、化学的作用，这些作用经常在改变这个物体，在修改它的同一性。”[17] 在有机界中，“植物，动物，每一个细胞，在其生存的每一瞬间，都既和自己同一，而又和自己相区别，这是由于各种物料的吸收和排泄，由于呼吸，由于细胞的形成和细胞的死亡，由于进行着循环过程，一句话，由于无休止的形成生命的分子变化的总和，而其总的结果则一目了然地出现于各个生命阶段——胚胎生命，少年，性成熟，繁殖过程，老年，死亡”[18]。生理学越向前发展，越能证明同一中包含差异。

同一和差异的对立统一不仅存在于客观事物中，而且存在于逻辑命题的分析中。“百合花是一种植物，玫瑰花是红的，这里不论是在主语中或是在述语中，总有点什么东西是述语或主语所包含不了的。”[19] 百合花是一种植物，但植物不只是百合花。所以百合花和植物既有同一性，又有差异。同样，玫瑰花是红的，但玫瑰花还有许多特性。所以玫瑰花和红既有同一性，又有差异。“与自身的同一，从一开始起就必然有与一切别的东西的差异作为补充，这是不言而喻的。”[20]

即使在数学那样的抽象领域中，形而上学的同一性也被不断地扬弃。如在高等数学中，直线与曲线就不是绝对的对立。在时间趋近于无穷小，曲线可以看作直线；时间拉长一些，直线又可以组成曲线。圆的内接或外切多边形，在边的数量无限增加的条件下，直线可以看作曲线，曲线也可以看作直线。这就是说，在直线与曲线的差异中包含同一，同一中包含差异。

恩格斯在批判形而上学把同一性绝对化的同时，还指出了其在小范围和短时间内使用是可以的，但一旦超出这样的范围，就不行了，就变得荒谬了。

（二）偶然性和必然性

偶然性和必然性是辩证法的一个重要范畴。恩格斯以此为题写了一篇较长的札记（[4.17]）。恩格斯在此批判了两种形而上学的观点：一种是把偶然性和必然性绝对对立起来，分裂开来，否认两者有统一性；另一种是只承认必然性，否定偶然性，也就是机械决定论。

所谓把偶然性和必然性绝对对立起来就是“把必然性和偶然性当作永远相互排斥的两个规定。一个事物，一个关系，一个过程要么是偶然的，要么是必然的，但不能既是偶然的，又是必然的”[21]。基于这种形而上学的观点，当时许多科学家认为“必然的东西就是科学上唯一值得注意的东西，而偶然的东西则是对科学无足轻重的”[22]。在他们看来，只有必然的东西，才是有规律可循的，才是可以认识的，因而是科学能够研究的和值得研究的；而偶然的东西，是无规律可循的，是不可知道的，也是无足轻重的，可以不予理睬的。然而，“这样一来，一切科学都完结了，因为科学正是要研究我们所不知道的东西”[23]。并且，如果科学不研究偶然性起作用的地方，就只有靠上帝来解决了。事实上，科学就是要把人们不知道的东西变为知道的东西，从偶然性中找出必然性和规律性。只是当时许多科学家不懂得偶然性和必然性的辩证关系，因而也就没有这样的正确认识。

另一种形而上学的观点就是只承认必然性而否认偶然性的机械决定论，认为“自然界中占统治地位的，只有简单的直接的必然性”[24]。并且“力图用根本否认偶然性的办法来处理偶然性”[25]。在这些人看来，这一个豌豆荚中有五粒豌豆，而不是四粒或六粒；

这条狗的尾巴是五英寸长，不长一丝一毫，也不短一丝一毫；凌晨四点钟被跳蚤咬了一口，而不是三点钟或五点钟；等等。这一切都是必然的，甚至是由几十亿年前形成太阳系的那个气团的结构所决定的。然而，“承认这样的必然性，我们也还是没有摆脱神学的自然观”[26]。因为这种机械决定论的科学与一切都是有上帝决定的神学差不多是一样的。此外，如果把某个豌豆荚中有六粒豌豆而不是五粒豌豆这一偶然现象和太阳系的运动规律或者能量守恒规律这种必然性规律并列为同一等级，“那末实际上不是把偶然性提高到必然性，而倒是必然性降低为偶然性”[27]。

恩格斯指出，与这两种形而上学的观点相对立，黑格尔揭示了偶然性与必然性的辩证关系。偶然性和必然性存在内在联系，没有纯粹的偶然性，也没有纯粹的必然性，必然性通过一系列的偶然性表现自己，偶然性背后有某种必然性。

偶然性和必然性在一定的条件下可以相互转化。恩格斯通过达尔文的进化论阐明了这一点。同一种生物存在很多共同的东西，也就是存在必然性，但个体与个体之间又存在差异，这是偶然的。正是这种偶然性导致变异，如果这种变异有利于生物的生存和发展，就会遗传下去，发展到一定程度就会产生新的物种，而新的物种就会有很多新的共同的东西，形成新的必然性。这就是说，偶然性可以转化为必然性。反之，必然性也可以转化为偶然性，如生物某些个体内的器官发生退化。

（三）原因和效果

关于原因和效果，恩格斯只写了一个不长的札记（[4.18]）。在此，恩格斯没有全面讨论原因和效果，而是用“交互作用”阐述互为因果的关系。恩格斯指出：“交互作用是我们从现代自然科学的观点考察整个运动着的物质时首先遇到的东西。”[28]“自然科学证实了黑格尔曾经说过的话，交互作用是事物的真正的终极原因。”[29]“只有从这个普遍的交互作用出发，我们才能达到现实的因果关系。为了了解单个现象，我们就必须把它们从普遍的联系中抽出来，孤立地考察它们，而且在这里不断交替着的运动就显示出来，一个为原因，另一个为效果。”[30]

恩格斯还通过自然科学的进展对互为因果关系给予具体的阐明。“我们看到一系列的运动形式，机械运动、热、光、电、磁、化学的化合和分解，凝聚状态的转变……都是相互转化、相互制约的，在这里是原因，在那里就是效果。”[31]

显然，恩格斯是从辩证唯物主义的观点阐述原因和效果这对范畴，认为原因和效果不仅是客观的，而且存在内在联系并可以相互转化。

【本章注释】

[1]［德］恩格斯：《自然辩证法》，于光远等译编，人民出版社 1984 年版，第 75 页。

[2]［德］恩格斯：《自然辩证法》，于光远等译编，人民出版社 1984 年版，第 75 页。

[3]［德］恩格斯：《自然辩证法》，于光远等译编，人民出版社 1984 年版，第 75 页。

[4]［德］恩格斯：《自然辩证法》，于光远等译编，人民出版社 1984 年版，第 75 页—第 76 页。

[5]［德］恩格斯：《自然辩证法》，于光远等译编，人民出版社 1984 年版，第 76 页。

[6]［德］恩格斯：《自然辩证法》，于光远等译编，人民出版社 1984 年版，第 76 页。

[7]［德］恩格斯：《自然辩证法》，于光远等译编，人民出版社 1984 年版，第 75 页。

[8] [德] 恩格斯 :《自然辩证法》，于光远等译编，人民出版社 1984 年版，第 76 页。

[9] [德] 恩格斯 :《自然辩证法》，于光远等译编，人民出版社 1984 年版，第 76 页。

[10] [德] 恩格斯 :《自然辩证法》，于光远等译编，人民出版社 1984 年版，第 79 页。

[11] [德] 恩格斯 :《自然辩证法》，于光远等译编，人民出版社 1984 年版，第 81 页。

[12] [德] 恩格斯 :《自然辩证法》，于光远等译编，人民出版社 1984 年版，第 81 页。

[13] [德] 恩格斯 :《自然辩证法》，于光远等译编，人民出版社 1984 年版，第 81 页。

[14] [德] 恩格斯 :《自然辩证法》，于光远等译编，人民出版社 1984 年版，第 83 页。

[15] [德] 恩格斯 :《自然辩证法》，于光远等译编，人民出版社 1984 年版，第 87 页。

[16] [德] 恩格斯 :《自然辩证法》，于光远等译编，人民出版社 1984 年版，第 84 页—第 85 页。

[17] [德] 恩格斯 :《自然辩证法》，于光远等译编，人民出版社 1984 年版，第 90 页。

[18] [德] 恩格斯 :《自然辩证法》，于光远等译编，人民出版社 1984 年版，第 89 页。

[19] [德] 恩格斯 :《自然辩证法》，于光远等译编，人民出版社 1984 年版，第 90 页。

[20] [德] 恩格斯 :《自然辩证法》，于光远等译编，人民出版社 1984 年版，第 90 页。

[21] [德] 恩格斯 :《自然辩证法》，于光远等译编，人民出版社 1984 年版，第 92 页。

[22] [德] 恩格斯 :《自然辩证法》，于光远等译编，人民出版社 1984 年版，第 92 页。

[23] [德] 恩格斯：《自然辩证法》，于光远等译编，人民出版社 1984 年版，第 92 页。

[24] [德] 恩格斯：《自然辩证法》，于光远等译编，人民出版社 1984 年版，第 93 页。

[25] [德] 恩格斯：《自然辩证法》，于光远等译编，人民出版社 1984 年版，第 92 页。

[26] [德] 恩格斯：《自然辩证法》，于光远等译编，人民出版社 1984 年版，第 93 页。

[27] [德] 恩格斯：《自然辩证法》，于光远等译编，人民出版社 1984 年版，第 94 页。

[28] [德] 恩格斯：《自然辩证法》，于光远等译编，人民出版社 1984 年版，第 96 页。

[29] [德] 恩格斯：《自然辩证法》，于光远等译编，人民出版社 1984 年版，第 96 页。

[30] [德] 恩格斯：《自然辩证法》，于光远等译编，人民出版社 1984 年版，第 96 页。

[31] [德] 恩格斯：《自然辩证法》，于光远等译编，人民出版社 1984 年版，第 96 页。

第五章 认识自然的辩证法、认识论和辩证逻辑

这一部分只有 25 个札记（[5.1] — [5.25]），没有论文。从这一部分的大标题“认识自然的辩证法、认识论和辩证逻辑”可知，它是与上一部分“自然界的辩证法、辩证法的规律和范畴”对应的，是上一部分的延续，即从自然界的辩证法到认识自然的辩证法，从辩证法的规律和范畴到认识论和辩证逻辑。总的逻辑思路是从客观的辩证法到人类认识的辩证法。

这一部分编者加了八个小标题，分成九部分，可见这部分的内容是非常丰富的。

一 | 辩证逻辑的两个基本原则

辩证逻辑是形式逻辑的发展和升华。所谓形式逻辑，就是把概念、判断、推理看作固定不变的形式或格式，并以同一律为基础的思维形式。而辩证逻辑则把概念、判断、推理看作变化的、发展的。形式逻辑和辩证逻辑的关系就像是初等数学和高等数学的关系。辩证逻辑有一些基本原则，札记 [5.1] 和 [5.2] 则分别提出“自然界和精神的统一”和“抽象的和具体的”统一。

“自然界和精神的统一”也就是主观和客观的统一，思维和存在的统一。这里包括两个方面：一是人们的认识来自于客观世界，而客观世界是有规律的，也就是“自然界不能是无理性的”；二是人们的主观精神能够认识和反映自然界及客观规律。然而，要实现“自然界和精神的统一”，不仅需要经验，而且需要理论思维，特别是不能片面地夸大经验的作用，否则遇到单凭经验不能解决的问题，就可能陷入不可知论。

关于“抽象的和具体的统一”，札记［5.2］只有一句话：“运动形式变换的一般规律，比运动形式变换的任何个别‘具体’例证更具体得多。”[1]要理解这句话就要认识到具体和抽象是辩证统一的。具体有两个层次：一是感性的具体，即看得见、摸得着的具体；二是思维中的具体，即由科学抽象达到的具体。运动形式变换的一般规律就是由科学抽象达到的具体，它比具体的案例更能反映本质内容，因而更具体。

二｜人类的活动对因果性作出验证

如何验证因果性，对于反驳不可知论和阐明辩证唯物主义的可知论是非常重要的。恩格斯对此给出的解答是，人类的活动能够对因果性作出验证。的确，仅凭人们的感觉经验，如春夏秋冬四季更迭和昼夜交替现象，不能证明因果性，即不能证明前者是后者的原因，后者是前者的结果。但人类的活动，特别是那些有目的的生产和科学实践活动，则能够对因果性作出验证。恩格斯在此给出太阳与热和光的例子，阐述人类的活动如何对因果性作出验证。当人们看到太阳出来后，感觉到热和光，已经意识到这里可能有前因后果关系，但并不能对此给出证明。但如果人们用一面凹镜把太阳光正好集中在焦点上，产生像普通的火一样的效果，那么就能证明热是从太阳散发来的，太阳是热和光的原因。同样的，人们通过枪的发射活动，甚至是不成功的发射活动，都能验证因果性，特别是不成功的发射活动更能验证因果性。

恩格斯强调：“单凭观察所得的经验，是绝不能充分证明必然性的。”[2]“必然性的证明是在人类的活动中，在实验中，在劳动中：如果我能够造成 post hoc（在这以后），那末它便和 propter hoc（由于这）等同了。”[3]这就是说，如果人们能够造成现象之间的一定顺序，那么就等于证明了它们的必然的因果关系。

恩格斯还指出，人类的活动不仅能验证因果性，而且能很大程度地改造自然，进而提升人的思维和智力。

三 | 永恒的自然规律变成历史的自然规律

如何认识自然规律，辩证唯物主义与唯心主义、与形而上学有本质的不同。恩格斯认为，一方面，自然规律是“永恒的”，也就是具有客观必然性，这与唯心主义划清了界限；另一方面，自然规律是“历史的”，也就是随着时间和空间（条件）的变化而变化的，这与形而上学划清了界限。

恩格斯以水为例对“永恒的自然规律”变成“历史的自然规律”进行了阐释。“水在摄氏零度和一百度之间是液体，这是永恒的自然规律，但是要使这个规律能够成为有效的，就必须有：（1）水，（2）一定的温度和（3）标准压力。”[4] 这就是说，自然规律只有在一定的条件下，才是“永恒的”，而如果不具备相应的条件，则不是“永恒的”，甚至是不存在的。

由于自然规律是在一定的条件下发生作用的，在自然界发展的不同历史阶段，具体的条件会不同，自然规律也会不同。因此，自然规律也是“历史的”。从宇宙到人类的演化的历史体现了自然规律的历史性。

由于自然界中的具体事物不仅在一定的时间中运动，而且在一定的空间中运动。因此，自然规律发生作用的范围，往往有严格的限制。“我们的整个公认的物理学、化学和生物学都是绝对地以地球为中心的，仅仅是为地球打算的。”[5] 这就是说，除非其他星球的条件与地球一样，否则，适用于地球的各门自然科学的规律就不适应于其他星球。另外，适应于宏观低速运动的经典力学就不适应于微观高速运动的领域，因而需要量子力学和相对论。这些都表明自然规律具有历史性。

正是由于自然规律要在一定的时间和空间条件下发生作用，而这些条件是不断变化的，特别是自然界本身是历史的和发展的，这样，永恒的自然规律也愈来愈变成历史的自然规律。

四 人的感官的特殊构造不是人的认识的绝对界限

人的感官对外界的感觉范围是有限的，这是由人的感官的特殊构造所决定的。但这种感觉范围的有限性不能成为人的认识的绝对界限。单从人类感官接受信息的范围而言，鹰的视觉、狗的嗅觉、蚂蚁的感光能力都远远超过人类，但人类能够制造和利用工具和仪器设备，使接受各种信息的范围远远超过其他所有动物，如人类利用射电望远镜能看到几百亿光年的宇宙空间，人类利用遥感技术可以在千里之外感受远红外、紫外的光波和电磁波，等等。这就是说，人类利用技术和仪器，能向微观、宇观扩展，远远扩大感知外界的范围，并且大大提高接受信息的准确性。由于科学技术不断发展，仪器设备会不断改进，人类感知外界的范围也会不断扩大和更准确化。

人类除了利用技术和仪器扩展感知范围以外，还利用思维活动扩展认识范围。正如恩格斯所说："除了眼睛，我们不仅还有其他的感官，而且还有我们的思维活动。"[6] 这种思维活动能使人从基于感觉的感性认识上升到抓住本质的理性认识，即突破感性认识的局限而达到新的认识。例如，人们不仅能利用仪器感知紫外线，而且通过思维认识紫外线的本质（极短的光波或电磁波），进而利用紫外线服务于人类（如紫外线灯消毒灭菌）。

当年，德国植物学家耐格里认为人的感官的特殊构造是人的认识的绝对界限，这使他从经验主义走向了不可知主义，恩格斯对此进行了批判。今天已经没有人直接把感官的局限当做认识的界限了，但一些不懂得认识的辩证过程的人，又提出了新的认识极限论，如望远镜的“观测的极限”、人类大脑的“思维的极限”，等等。对此，人们应该持一种既客观又辩证的态度，特别是要有历史的和发展的观点，即人们的认识在一定的科技水平和一定的历史发展阶段是有界限的，但随着科技的进步和社会历史的发展，人们又会不断突破已有的认识界限，而达到新的认识。

五 | 概念的发展

尽管恩格斯在这里对概念的发展只有一个较简短的札记，但却表达了很深刻的思想。恩格斯说：“在思维的历史中，一个概念或概念关系（肯定和否定，原因和效果，本体和偶然）的发展和它在个别辩证论者头脑中的发展的关系，正如某一有机体在古生物学中的发展和它在胚胎学中（或者不如说在历史中和个别胚胎中）的发展的关系一样。”[7] 这就是说，人类的思维发展史与个体思维发展史是一致的，这就像生命有机体的胚胎发育过程重演了它的种族发展史一样，个体思维的发展重演了人类思维的发展。

人类的思维发展史既是人们不断提出新的概念的历史，又是概念的内涵不断发展的历史。例如，人们先后提出了原子、分子等等概念，随着科研的发展，这些概念的内涵不断深化。同样的，个体的思维发展史也是不断地接触和学习一些新概念，并且随着个体人的经验和知识的积累，对概念的理解不断改善和加深。这就是说，个体的思维发展过程重演了人类的思维发展史。19 世纪德国著名生物学家恩斯特·海克尔（1834—1919）根据大量的事实，提出了生物有机体的胚胎发育史是种族发育史的重演和缩影。例如，人的胚胎发育过程可以看做是整个动物界历史发展的缩影。

上述两种“重演”或“缩影”具有一致性。然而，这种一致性并不是完全相等。因为历史的发展要通过大量的偶然性表现出来，也就是从大量偶然性中表现出必然性，而个体的发展就会大大减少偶然性，从而更好地反映历史发展过程的本质和规律。

六 | 判断的发展

恩格斯在分析黑格尔关于判断分类的合理性的基础上，把判断的发展进一步概括为从个别的判断到特殊的判断，再到普遍的判断，并指出：“思维规律和自然规律，只要它们是被正确地认识了，必然是相互一致的。”[8] 恩格斯还用一个通俗的例子对此给予说明。

人类经过很多万年长期的实践经验，得到摩擦生热或摩擦是热的一个源泉，这是个别的判断。人类又经过几千年，得到一切机械运动都能通过摩擦转化为热，这是特殊的判断。随后只用了几年时间（19 世纪 40 年代），一些科学家得出任何一种运动形式都能转化为其他运动形式，这是普遍的判断。

恩格斯对判断发展三阶段的划分，不像形式逻辑那样，以主词和谓词的外部联系为标准，而是基于判断的内容的深浅程度，体现了判断的由此及彼、由浅入深的发展过程，体现了“判断这一思维形式本身的发展”[9]。这就是说，判断这一思维形式的发展规律是以自然规律为依据的，是人们对自然规律认识过程的总结。因此，思维规律和自然规律必然是一致的。

七 | 假说是自然科学的发展形式

假说是根据已有的科学事实和科学原理对所研究的自然现象及其规律提出的一种假定性推测和说明。恩格斯指出："只要自然科学在思维着，它的发展形式就是假说。"[10] 自然科学虽然要以观察和实验为基础，但观察和实验只能提供经验材料。从这些经验材料发现自然规律或上升到理论就需要理论思维，而此时理论思维的形式就是假说，也就是说，假说是从经验材料过渡到科学理论的桥梁。

自然科学研究是一个不断发展的过程，起初通过观察、实验等经验手段只能得到有限的事实，当这些事实积累到一定程度，就需要进行概括和总结，力图透过这些事实，发现某种规律性的东西，给出假定性推测和说明，也就是假说。这种假说一方面可以加深对已经获得的事实的理解，另一方面会启发和引导人们更好地开展下一步的研究工作。而下一步的研究有可能发现这种假说不能解释的事实。这就像恩格斯所说的："一个新的事实被观察到了，它使得直到现在对和它同类的事实的说明方式成为不可能的了。从这一瞬间起，就需要新的说明方式——它最初仅仅以有限数量的事实和观察为基础。进一步的观察材料会使这些假说纯化，取消一个，修正另一个，直到最后纯粹地建立起定律。如果人们要等待建立起定律的材料纯粹化起来，那末这就是在此以前要把运用思维的研究停顿下来，而定律也就因此永远不会出现。"[11] 这里以化学上的氧化说取代燃素说为例，对此给予简要说明。人类很早就学会用火，但对燃烧现象的解释却经历了漫长的曲折过程。直到 17 世纪，德国化学家 G.E. 施塔尔（1660—1734）提出了燃素学说，认为可燃性物质中含有燃素，燃烧是可燃性物质放出燃素的过程。这种燃素说对当时很大一类化学反应给出了解释，推动了化学的发展。但后来人们发现，一些金属（例如，镁）燃烧后的金属灰不是比燃烧前的镁减轻，而是增重。按照燃素说，就要假定金属里所含的“燃素”有负重量，这显然是不可思议的，由此也引发了人们对燃素说的质疑。1774 年，英国化学家普利斯特列（1733—1804）在加热水银灰的实验中发现一种具有显著助燃作用的气体，随后法国化学家拉瓦锡（1743—1794）将这种气体命名为氧气，并提出燃烧不是放出燃素的过程，而是可燃性物质与氧气化合的过程，从而推翻了燃素说，创立了氧化说。很显然，尽管燃素说后来证明是错误的假说，但如果没有燃素说，不仅难以使化学从早前的炼金术的桎梏中解放出来，而且也难以提出氧化说。

自然科学研究的过程不仅是观察和实验所获得的经验材料不断增加的过程，而且是思维不断探索的过程，更是观察和实验与理论思维交互作用的过程。在这个过程中，就需要基于一定的事实提出一个或多个假说，随着研究的进展，有的假说经过修改和完善，逐渐发展为科学理论，有的假说会被证明本质上是错误的，就会被抛弃。但即使是错误的假说，往往不仅连接和推进了人们的思维进程，而且还会对新假说的提出乃至正确理论的建立提供借鉴和启示。

不能因为假说有可能出错而怀疑其重要性。事实上，即使被大量事实证明正确的假说，即成为科学理论，也是可能出错的。例如，俄国化学家门捷列夫（1834—1907）基于不充分的科学事实和一些理论成果，提出了元素周期律，即元素的性质是原子量的周期函数。后来经过大量的新的事实证明，元素周期律是正确的，成为科学理论。但再后来发现，元素的性质是由核外电子的数目决定的，原子量不是本质性的决定因素。这就是说，即使成为科学理论也可能出错，但人们并不会因此而怀疑科学理论的重要性。

恩格斯还指出，“对于缺乏逻辑和辩证法训练的自然科学家，相互排挤的假说的数目之多和变化之快，很容易产生这样一种观念：

我们不可能认识事物的本质”[12]。在科学研究的过程中，基于一定的事实材料，不同的人可能提出不同的假说，甚至形成不同的学派，它们相互竞争和争论，这对科学认识的发展是正常的，甚至是有益的。在这一过程中，一些解释性和预见性强的假说在竞争中会占有一定的优势，而另一些假说可能失去竞争力而销声匿迹或被新的假说所取代。这些都是正常现象。但不能因为“相互排挤的假说的数目之多和变化之快”而得出，这样进行的科研研究不可能认识事物的本质，更不能否认自然界规律的客观性和可知性。人们通过不断地探索，不断地观察和实验，不断地提出假说并发展成理论，不断地推进感性经验和理性思维的相互作用，从而使认识不断地由浅入深、由表及里、由片面到全面，最终达到对事物本质的认识。

对科学假说要有历史的观点和发展的观点，一定的假说往往代表了一定的历史时期人们的认识水平，并且受历史条件的制约。正如恩格斯所说：“历史地去理解这件事也许有某种意义：我们只能在我们时代的条件下进行认识，而且这些条件达到什么程度，我们便认识到什么程度。”[13] 这些条件既包括主观条件，又包括客观条件，还包括作为主、客观相互作用结果的知识的积累程度，等等。由此可以进一步理解采用假说形式对于自然科学发展的必然性。

八 | 归纳和演绎

关于归纳和演绎，恩格斯写了 6 个札记。在这些札记中恩格斯主要阐述了归纳和演绎的辩证关系，同时指出推理的形式丰富多彩，不能把所有的推理归结为归纳推理和演绎推理两种形式。恩格斯着重批判了两种形而上学的观点：一是以德国生物学家海克尔为代表的、把归纳和演绎对立起来的观点；二是片面地强调归纳而轻视演绎的全归纳派的观点。

关于归纳和演绎的关系，恩格斯指出："归纳和演绎，正如分析和综合一样，是必然相互依赖着的。人们不应当牺牲一个而把另一个捧到天上去，应当设法把每一个都用到该用的地方，而人们要能够做到这一点，就只有注意它们的相互联系、它们的相互补充。"[14]归纳是从一定数量的个别事件推论出一般性规律的过程；演绎是从一般性规律推论出个别事件的过程。尽管归纳和演绎的推理方向相反，但两者是存在密切联系的，并相互依赖。演绎往往要以归纳的结论为前提，归纳的过程则要以演绎为指导。对于前者人们往往没有什么疑问，因为要进行演绎推理就必须有前提，即普遍性的规律，而对于自然科学而言，绝大多数普遍规律主要是通过归纳法获得的。对于后者人们有时感觉不明显，认为在进行归纳时就是从纯粹的一些经验事实而得出一般性结论的。但这种感觉是经不住推敲的。如在进行归纳时，为什么把这些个别事实放在一起而不把另一些个别事实也放进来？这就需要选择，而选择的过程实际上就是演绎。因为选择就需要标准，而标准就相对应大前提。也就是说，选择就是从一般到个别的过程，也就是演绎过程。

海克尔（E.Haeckel，1834—1919）是德国著名生物学家，达尔文进化论的捍卫者、传播者，对生物进化论的发展作出了重要贡献。例如，他以"系统树"的形式，表示出各类动物的进化历程和亲缘关系；他把生命起源和人类演变也纳入到进化体系之中；他提出"个体发育是系统发育简短而迅速的重演""生命是由无机物即死的材料产生的""人类是由猿猴进化而来的，就像猿猴是由低等哺乳动物进化而来一样"，等等。但他认为进化论仅仅用了归纳法，而猿类论（人类由猿类演化而来）仅仅用了演绎法，从而把归纳和演绎割裂开来、对立起来则是片面的。他把复杂的认识过程过于简单化了。事实上，不管是进化论还是猿类论的创立，都既用了归纳法又用了演绎法，还用了类比、假说等方法。

仅仅用归纳法之所以会出错，一个重要原因在于，归纳本身往往是或然性推理。归纳法可以分为两大类：完全归纳法和不完全归纳法。在自然科学研究中基本上用的是后者，因为人们不可能把个别事件穷尽了，再得到一般性结论或普遍规律。而不完全归纳法所得到的结论是或然性的，既有可能对，也有可能错。例如，人们运用归纳法得出：一切脊椎动物都有一个分化成脑髓和脊髓的中枢神经系统，并且脊髓包含在软骨或硬骨的脊椎中。但后来人们发现，文昌鱼是脊椎动物却有未分化的中央神经索和没有脊椎骨，是介于无脊椎动物和脊椎动物之间的动物。再如，人们运用归纳法得出，鱼类是一种终身只用鳃呼吸的脊椎动物。但后来人们发现，肺鱼除了具有鳃以外，还有发达的肺。又如，人们用归纳法得出哺乳动物都有乳房，但后来发现，鸭嘴兽是哺乳动物，但却没有乳房。

事实上，生物进化本身也说明生物的特征是进化的，不是一成不变的。而旧的基于归纳的分类法却以生物的固定不变作为分类的标准，这就从本质上与进化论不相容。

在自然科学发展史上重视归纳法，进而导致归纳万能论，不是个别现象，而是一股很大的潮流。这股潮流在英国表现得更加根深蒂固、更加突出。英国哲学家惠威尔（1794—1866）甚至把科学分为“演绎”科学（几何学、算术、代数学）和“归纳”科学（力学、天文学、物理学、化学、矿物学、植物学、动物学、生理学、地质学）。他不仅把归纳和演绎分裂开来和对立起来，而且把自然科学主要归结为“归纳”科学。后来，英国哲学家穆勒（John Stuart Mill，1806—1873）对归纳法做了更系统的研究，提出了著名的穆勒五法（求同法、求异法、求同共异法、共变法、剩余法）。但他片面地强调归纳法的意义，贬低演绎法的作用，认为归纳法是所有推理的基础，而演绎法只是归纳推理的次要变形。这种归纳万能论对当时的自然科学有广泛的影响。

恩格斯运用辩证法的观点并基于大量的科学实践说明，归纳万能论是站不住脚的。“单纯用归纳法来证明进化论是不可能的，因为进化论是完全反归纳法的。归纳法所使用的种、属、纲等概念，由于进化论弄得不固定起来，因而变成为相对的东西了；而用相对的概念是不能去归纳的。”[15] 后来生物学的发展乃至整个自然科学的发展证明恩格斯的观点是正确的。

恩格斯还以法国工程师卡诺（1796—1832）提出理想热机及热功当量说明仅仅用归纳法是不行的。“蒸汽机已经最令人信服地证明，我们可以放进热而取出机械运动。十万部蒸汽机并不比一部蒸汽机能够更多地证明这一点，它们只是愈来愈迫使物理学家们不得不去解释这一情况。”[16] 卡诺不再用归纳法对此进行研究，而是采取分析的方法，即仔细分析蒸汽机运行的具体过程，撇开对主要过程无关紧要的情况而设计了一部理想的蒸汽机，并通过对这种理想蒸汽机的分析，提出了热机的功率及最大功率，从而大大加深了人们对蒸汽机的认识。

需要指出的是，虽然恩格斯在此用了主要篇幅批判片面强调归纳的观点，但这是针对当时自然科学发展中主要的倾向性问题而进行的，这并不意味着归纳不重要。事实上，在科学发展的不同阶段，特别是各个学科发展的不同阶段，归纳和演绎是有所侧重的。有时以归纳为主，有时以演绎为主，但即使是归纳为主时也不能完全离开演绎，同时要注意运用其他推理方法。

【本章注释】

[1] [德] 恩格斯：《自然辩证法》，于光远等译编，人民出版社 1984 年版，第 97 页。

[2] [德] 恩格斯：《自然辩证法》，于光远等译编，人民出版社 1984 年版，第 99 页。

[3] [德] 恩格斯：《自然辩证法》，于光远等译编，人民出版社 1984 年版，第 100 页。

[4] [德] 恩格斯：《自然辩证法》，于光远等译编，人民出版社 1984 年版，第 101 页。

[5] [德] 恩格斯：《自然辩证法》，于光远等译编，人民出版社 1984 年版，第 101 页。

[6] [德] 恩格斯：《自然辩证法》，于光远等译编，人民出版社 1984 年版，第 103 页。

[7] [德] 恩格斯：《自然辩证法》，于光远等译编，人民出版社 1984 年版，第 113 页。

[8] [德] 恩格斯：《自然辩证法》，于光远等译编，人民出版社 1984 年版，第 116 页。

[9] [德] 恩格斯：《自然辩证法》，于光远等译编，人民出版社 1984 年版，第 116 页。

[10] [德] 恩格斯：《自然辩证法》，于光远等译编，人民出版社 1984 年版，第 117 页。

[11] [德] 恩格斯：《自然辩证法》，于光远等译编，人民出版社 1984 年版，第 117 页。

[12] [德] 恩格斯：《自然辩证法》，于光远等译编，人民出版社 1984 年版，第 117 页。

[13] [德] 恩格斯：《自然辩证法》，于光远等译编，人民出版社 1984 年版，第 118 页。

[14] [德] 恩格斯：《自然辩证法》，于光远等译编，人民出版社 1984 年版，第 121 页。

[15] [德] 恩格斯：《自然辩证法》，于光远等译编，人民出版社 1984 年版，第 120 页。

[16] [德] 恩格斯：《自然辩证法》，于光远等译编，人民出版社 1984 年版，第 121 页—第 122 页。

第六章 物质运动的形式、自然科学的辩证法

这一部分包括两部分：[辩证的物质运动观] 和 [自然科学的辩证法]。前者包括一篇论文“运动的基本形式”、[局部计划草案] 和 11 个札记（[6.3] — [6.14]）。后者只有 8 个札记（[6.15] — [6.22]）。

在 [辩证的物质运动观] 中，“运动的基本形式”这篇论文是中心和主要内容，[局部计划草案] 的基本部分是这篇论文的计划，而 11 个札记也是服务于这篇论文的。

一 运动的基本形式

这篇论文主要针对当时自然科学中的机械论和重力论的形而上学观点，阐述辩证唯物主义的关于运动的基本原理和各类运动之间的关系。虽然在 19 世纪后期，能量守恒与转化定律不仅被发现而且被广泛接受，但一些自然科学家并没有完全理解这一定律的内容和意义。他们不理解各种不同的运动形式之间的联系与区别，而把一切运动都归结为机械运动，并且认为重力（引力）或吸引是一切运动的本质和源泉，而看不到排斥的作用，更认识不到吸引和排斥之间的辩证关系。

第一，恩格斯提出运动是物质的存在形式、固有属性，运动与物质不可分离，并且物质的运动贯穿于从简单的位移到人类思维的一切变化和过程。“运动，就它一般的意义来说，就它被理解为存在的方式、物质的固有属性来说，包括宇宙中发生的一切变化和过程，从单纯的位置变动起直到思维。”[1] 这种对运动及其本性的认识非常深刻，是辩证唯物主义物质观和运动观的基础。由此可见，凡是物质就有运动，凡是运动就有物质。没有物质的运动和没有运动的物质都是不可想象的。

第二，物质的运动形式从简单到复杂可以分为：机械运动、物理运动、化学运动和生命运动。人们对这些运动的认识也是从简单到复杂，先有力学，再有物理学和化学，最后才能研究生命运动。恩格斯把这种认识过程表述为："研究运动的本性，当然必须从这种运动的最低级、最简单的形式开始，并且先学会理解这些最低级的最简单的形式，然后才能对更高级的和更复杂的形式有所阐明。所以我们看到：在自然科学的历史发展中最先形成的是关于简单的位置变动的理论，即天体的和地上物体的力学，随后是关于分子运动的理论，即物理学，以及紧跟着物理学，几乎和物理学同时而且有些地方还先于物理学发展起来的，是关于原子运动的科学，即化学。只有在这些关于统治着无生命的自然界的运动形式的各知识部门达到了一个高度以后，才能有效地去着手阐明显示生命过程的各运动进程。"[2] 但鉴于当时科学研究的现状，恩格斯本文主要讨论前三种运动。

第三，各种运动形式都有位移，但位移并不是运动的本性的全部。恩格斯指出："一切运动都是和某种位置变动相联系着的，不论这究竟是天体的、地球上物体的、分子的、原子的或以太粒子的位置移动。运动形式越高级，这种位置变动就愈微小。位置变动绝不能把有关的运动的本性包括无遗，但它也是和我们所考察的运动不能分开的。"[3] 由于当时科学界认为宇宙中充斥着非常微小的以太，从而使光线或电磁波能在空间快速传播，所以恩格斯这里提到了以太粒子，后来科学研究表明以太根本不存在。恩格斯这里所强调的是，即使以太粒子存在，也会有位移。

恩格斯在这里还提出："运动形式越高级，这种位置变动就愈微小。"依据当时的自然科学成绩，恩格斯认为，各种运动形式有不同的物质承担着。机械运动的物质承担者是天体和地上的物体（宏观物体），物理运动的物质承担者主要是分子，化学运动的物质承担者是原子，生物运动的物质承担者是蛋白体。物理运动比机械运动高级，分子的位移比宏观物体的位移小；化学运动比物理运动高级，原子的位移比分子的位移小；等等。虽然现在看来，一种运动形式不止一种物质承担者，如物理运动的物质承担者不仅有分子，还有原子、原子核、基本粒子，但一定的运动形式与一定的物质承担者相互联系则是肯定的。

从运动的本性而言，机械运动主要表现为位移，而运动形式越高级，除了位移以外，包含的新质就越多。例如，物理热运动，除了分子的位移以外，更多地表现为分子间的相互碰撞和相互作用。恩格斯进一步认为，总有一天人类可以用实验的方法把思维“归结”为脑子中分子的和化学的运动，但这样并不能完全包括思维的本质。

第四，运动是物质相互作用的表现。恩格斯认为，整个自然界就是各种物体，从星球到原子，乃至更小微粒的体系。这个体系中各种物体相互联系这一事实就表明它们是相互作用着的，而这种相互作用就是运动。

第五，运动既不能创造也不能消灭。恩格斯指出：“既然在我们面前的物质是某种既有的东西，是某种既不能创造也不能消灭的东西，那末由此而来的便是运动也是既不能创造也不能消灭的。只要一旦认识到宇宙是一个体系，是各种物体相互联系的总体，那就不能拒绝得出这个结论来。”[4] 对此法国数学家和哲学家早在 200 年前就作出了论证，即认为宇宙中存在的运动的量是永远一样的。而 200 年后自然科学发现的能量守恒定律也对此给予了证明。

19 世纪 40 年代，迈尔、焦耳、赫尔姆霍茨等从不同的领域发现能量守恒与转化定律，从而证明了运动既不能创造也不能消灭这一哲学命题。但对这一定律的认识和表示并不准确。赫尔姆霍茨把这一定律称为“力的守恒定律”，把所有的运动都归结为机械运动，把“力”看作吸引的表现。19 世纪 60 年代以后科学界才用“能量守恒定律”代替“力的守恒定律”，但把“能”理解为排斥的表现。然而，能量守恒定律只是说明了运动在量上的不灭性，不能说明运动在质上的不灭性。后来，恩格斯把这一定律称为“能量守恒与转化定律”，以便强调能量转化形式的无限性，而不是宇宙中所有的能量形式最终都要变为热，并散发出去，最终导致所有的运动都停止下来，称为死寂的宇宙。

第六，运动表现为吸引和排斥的辩证统一。恩格斯指出：“一切运动都存在于吸引和排斥的交替之中。”“宇宙中的每一个吸引运动，一定由一个大小与之相当的排斥运动来补充，并且反过来也一样……宇宙中一切吸引的总和等于一切排斥的总和。”[5] 恩格斯得出这样的认识源自于他对运动的理解。恩格斯认为：“运动只是在每一个吸引被别处的一个与之相当的排斥所抵偿时，才有可能发生。否则一个方面会逐渐胜过另一个方面，运动因而最后就会停止。所以，宇宙中的一切吸引和一切排斥一定是相互平衡的。”[6]

然而，这种吸引和排斥的相互平衡是否会导致一切运动的停止呢？即是否会出现吸引和排斥最终会相互抵消，或者全部排斥最终占有物质的一部分，而全部吸引则占有另一部分呢？恩格斯认为：“从辩证法的观点来看，这两种可能性都是根本不存在的。”因为基于辩证法的对立统一规律，吸引和排斥的分离和对立只存在于它们的相互作用、相互依赖和相互含摄之中。恩格斯还用磁石对此给予说明。第一种场合无异于要把一条磁石的北极和南极相互抵消，而第二种场合无异于要把一条磁石从中间切断，使得一端只有北极，另一端只有南极。实践证明，这两种场合都不能存在。

第七，各种运动形式尽管表现不同，但本质上都是吸引和排斥的相互作用。恩格斯在阐明运动的基本形式是吸引和排斥及其相互作用后，进一步分析、阐述了吸引和排斥及其相互作用在天体和地上物体的机械运动、物理运动和化学运动中的具体表现。

首先，恩格斯分析了行星环绕中心天体（太阳）所做的运动，说明太阳系的生存过程，包括其产生和发展过程，就表现为吸引和排斥的相互作用。其次，恩格斯分析了地上物体的机械运动过程，表明这种运动仍然是吸引和排斥的相互作用。只是在这种相互作用中，吸引占据优势，没有力的供给，物体不能运动，而力的供给就是排斥。再次，恩格斯分析了物理运动中的分子运动、静电和磁现象，表明这些运动本质上仍是吸引和排斥的相互作用。例如，在分子运动中，分子力表现为吸引，热运动表现为排斥；在静电和磁现象中，正电和负电、北极和南极，同性相吸，异性相斥。这些都是吸引和排斥及其相互作用的具体表现。最后，恩格斯分析了化学运动，表明化学的基本矛盾是化合和分解，而化合和分解在本质上仍是吸引和排斥及其相互作用。

第八，批判赫尔姆霍茨关于“力”的观点，说明“能”和运动的基本形式吸引和排斥之间的联系。赫尔姆霍茨认为，吸引是运动的主要方面，而“力”表示吸引，来自重力，即万有引力。恩格斯则论证了在地球和太阳系的情况下，“能”代表排斥运动，而排斥才是运动的主要方面。

从能量守恒的观点，宇宙中的吸引和排斥应该彼此相等。但对地球和太阳系而言，由于大量的热能已经散发到宇宙空间，所以地球上的吸引远远超过排斥，而要使物体运动，就要克服地球的引力，就必须给它能量，即给它排斥作用。这样，物体所受到的吸引和排斥才能平衡，物体才能运动。

恩格斯认为，应该用“能”代替“力”，因为“力”往往只适应于力学，适应于机械运动，而“能”则用于各种能量形式及其相互作用、相互转化。然而，“能”也有自己的缺陷，只是与“力”比较起来，宁愿要“能”。“能”的缺陷体现在两个方面：一是只包括运动关系的作用方面，不包括反作用方面；二是“能”似乎是物体以外的某种东西，是加到物体里面去的某种东西。

二 | 自然科学的辩证法

这部分只有 8 个札记（[6.15]—[6.22]），其中 [6.22]“关于‘机械的’自然观”则是一篇较大的札记。这里依札记的次序，简要阐述恩格斯关于自然科学的辩证法的思想。

第一，自然科学的辩证法所要探讨的是，运动着的物体和物体的运动。物体的性质只有在运动中才能显现出来，并且只有通过运动才能认识物质的性质。

第二，自然界存在四种运动形式，从简单到复杂依次为机械运动、物理运动、化学运动和生物运动。各种运动形式存在着内在联系，简单运动可以产生复杂运动，复杂运动包含简单运动，但复杂运动不是简单运动的简单相加，而是包含某种新质。

恩格斯从自然科学的研究和发展过程，阐述了各种运动形式之间的关系。物体的机械运动，即位移运动，止于两个物体的接触，即摩擦或碰撞。而摩擦和碰撞会产生热、光和电，对此进行研究就进入分子运动的领域，即物理学领域（现在看来把物理学只理解为分子运动，不全面）。进一步研究会发现，电、热和光可以转化为化学变化，分子运动可以转化为原子运动，于是，人们的研究进入化学领域。随着化学研究的深入，人们发现，有机世界成为其研究领域，人们发现了蛋白质。蛋白质不同于其他化学过程之处在于，它是自我完善的、永久性的化学过程。恩格斯指出：“当化学进入蛋白质的时候，化学过程就像上述描述的机械过程一样，要超出它本身，就是说，它要进入一个内容更丰富的领域，即有机体的领域。”[7] 恩格斯还以生理学为例，指出生理学是有生命物体的物理学和化学，但并不限于物理学和化学，而是升到了更高的层次。

在此基础上再进一步就进入了地文学（即对自然界的描述）。恩格斯指出："在从化学过渡到生命以后，首先应当阐述生命赖以产生和存在的条件，因而首先应该阐述地质学、气象学以及其他。然后阐述各种生命的不同形式本身，如果不这样，这些生命形式也是不可理解的。"[8]

第三，科学分类应依据运动形式固有次序和排列。恩格斯指出："每一门科学都是分析某一个别的运动形式或一系列彼此相属和相互转化的运动形式的，因此，科学分类就是这些运动形式本身依据其固有的次序的分类和排列，而科学分类的重要性也正在这里。"[9]

恩格斯认为，以前圣西门和黑格尔基于外表的顺序而进行的科学分类，已显不够科学，因为人们已经知道了不同运动形式的转化次序。"正如一个运动形式是从另一个运动形式中发展出来一样，这些形式的反映，各个不同的科学，也必然是一个从另一个中产生出来。"[10] 恩格斯认为孔德仅仅是为了安排教材和教学所进行的学科分类不妥。

第四，恩格斯批判了把高级运动归结为低级运动，特别是把一切运动都归结为机械运动的思想。恩格斯指出："正如高级的运动形式同时还产生其他的运动形式一样，正如化学作用不可能没有温度变化和电的变化，有机生命不可能没有机械的、分子的、化学的、热的、电的等等变化一样。但是，这些次要形式的在场并没有把历次的主要形式的本质包括无遗。终有一天我们会用实验的方法把思维'归结'为脑子中的分子的和化学的运动；但是难道因此就把思维的本质包括无遗了吗？"[11]

第五，物质的各种运动形式，即不同的学科，虽然存在内在联系，更存在本质区别，既有量变，更有质变。人们不能忽视不同运动形式的本质区别，不能只重视量变而忽视质变，更不能仅仅用量变解释质变。恩格斯指出："当我把物理学称做分子的力学，把化学称做原子的物理学，并进而把生物学称做蛋白质的化学的时候，我是想借此表示这些科学中的一门向另一门的过渡，从而既表示出两者的联系和连续性，也表示出它们的差异和非连续性。更进一步把化学同样称做力学的一种，这在我看来是不能容许的。"[12]

恩格斯还着力批判了那种用量变解释或消解质变的企图。恩格斯指出："如果自然科学企图寻找统一的作为物质的物质，企图把质的差异归结为同一的最小粒子的结合上的纯粹量的差异，那末这样做就等同于不要求看到樱桃、梨、苹果，而要求看到作为水果的水果，不要求看到猫、狗、羊等等，而要求看到作为哺乳动物的哺乳动物，要求看到作为气体的气体、作为金属的金属、作为石头的石头、作为化合物的化合物、作为运动的运动。"[13]

【本章注释】

[1] [德] 恩格斯：《自然辩证法》，于光远等译编，人民出版社 1984 年版，第 124 页。

[2] [德] 恩格斯：《自然辩证法》，于光远等译编，人民出版社 1984 年版，第 124 页。

[3] [德] 恩格斯：《自然辩证法》，于光远等译编，人民出版社 1984 年版，第 125 页。

[4] [德] 恩格斯：《自然辩证法》，于光远等译编，人民出版社 1984 年版，第 125 页。

[5] [德] 恩格斯：《自然辩证法》，于光远等译编，人民出版社 1984 年版，第 126 页—第 127 页。

[6] [德] 恩格斯：《自然辩证法》，于光远等译编，人民出版社 1984 年版，第 126 页。

[7] [德] 恩格斯：《自然辩证法》，于光远等译编，人民出版社 1984 年版，第 149 页。

[8] [德] 恩格斯 :《自然辩证法》，于光远等译编，人民出版社 1984 年版，第 149 页。

[9] [德] 恩格斯 :《自然辩证法》，于光远等译编，人民出版社 1984 年版，第 150 页。

[10] [德] 恩格斯 :《自然辩证法》，于光远等译编，人民出版社 1984 年版，第 150 页。

[11] [德] 恩格斯 :《自然辩证法》，于光远等译编，人民出版社 1984 年版，第 151 页。

[12] [德] 恩格斯 :《自然辩证法》，于光远等译编，人民出版社 1984 年版，第 153 页。

[13] [德] 恩格斯 :《自然辩证法》，于光远等译编，人民出版社 1984 年版，第 156 页。

第七章 数学和各门自然科学中的辩证法

这部分内容篇幅大，共 138 页（第 157 页—第 294 页），其中包括四篇论文，分别为："运动的量度。——功""潮汐摩擦——康德、汤姆生和台特""热"和"电"，还包括 83 个札记。本书根据学科类型把这部分内容分为"数学""力学、物理学和天文学""化学""生物学"4 个部分，而 4 篇论文都在"力学、物理学和天文学"部分。这里按照本书的编排顺序，对相关内容进行导读。

一 | 数学

这里有 17 个札记，其中第一个札记 [7.1] 较大，其标题为"关于现实世界中的数学的无限的原型"。它是恩格斯《反杜林论》第一版第 17 页—第 18 页上《注释》的草稿。

恩格斯这 17 个关于数学的札记是为本书的"总计划草案"中"数学：辩证的辅助工具和表现方式。——数学的无限真正地出现"[1] 的写作而准备的材料。这些札记体现了恩格斯对数学中无限概念及其计算的客观基础、对数学中公理的经验基础和对数学中辩证法的普遍性所做的辩证唯物主义的阐释，批判了数学中的形而上学和唯心主义的观点。

（一）关于现实世界中的数学的无限的原型

这篇札记 [7.1] 是作为恩格斯《反杜林论》第一篇第三章"分类、先验主义"的附注用的。这就需要与这一章结合起来，理解这篇札记。在《反杜林论》第一篇第三章里，恩格斯不仅批判了杜林在思维与存在的关系上的先验主义观点，而且批判了杜林的先验主义方法。杜林认为，纯数学是从先验的数学公理经过纯粹的逻辑推演而获得的；哲学和纯数学一样，也可以用这种先验的公理方法获得绝对真理的哲学体系。恩格斯认为，杜林颠倒了思维与存在的关系。

第一，恩格斯阐述了思维与存在、主观辩证法与客观辩证法的关系。“我们的主观的思维和客观的世界服从于同样的规律，并且因而两者在自己的结果中最后不能相互矛盾，而必须彼此一致，这个事实绝对地统治着我们的整个理论思维。它是我们的整个的理论思维的不自觉的和无条件的前提。”[2] 恩格斯在这里表达了辩证唯物主义的两个基本观点：一是思维与存在、主观辩证法与客观辩证法具有一致性；二是这种一致性是我们理论思维存在的无条件的前提，否则，思维不能反映存在，主观辩证法就不能反映客观辩证法，理论思维是不可能的。

第二，恩格斯分析了 18 世纪唯物主义和黑格尔唯心主义在对待思维与存在关系方面存在的缺陷。18 世纪唯物主义本质上是形而上学的，其局限性在于，认为一切思维和知识的内容都来源于感性经验，看不到理论思维与感性经验的区别，看不到理论思维能动的作用，陷入了狭隘的经验论。恩格斯从现代科学承认了获得性遗传，说明人们的认识不仅基于个人的经验，而且基于其他人的经验，甚至先辈们的经验。这就大大扩展了人们认识的经验基础。黑格尔唯心主义虽然肯定了思维与存在的统一性，思维过程同自然和历史过程的相似性，但却是“头足倒立”的，即认为客观辩证法是主观辩证法的产物。

第三，恩格斯强调了辩证法规律对自然界、人类历史和思维的普遍性和一致性。“辩证法被看作关于一切运动的最普遍的规律的科学。这就是说，辩证法的规律对自然界和人类历史的运动，和对思维的运动，都一定是一样好地适用的。”[3]

第四，恩格斯运用思维与存在、主观辩证法与客观辩证法的一致性，深入分析了数学中的无限概念（无限小和无限大）在现实世界中的原型问题。恩格斯认为，虽然无限小是人类精神的创造，但不意味着客观世界没有提供与之相适应的东西。

不管是无限小还是无限大都是相对的，不是绝对的。研究地球上的物体时，地球可以看作无限大，分子或原子可以看作无限小；研究宇宙太空时，地球可以看作无限小。恩格斯指出："对于地球上的力学来说，地球质量已经被看作无限大；在天文学中，地球上的物体及与之相当的陨石就被看作无限小；同样，对于天文学来说，只要它超出最邻近的恒星的范围来研究我们这一恒星系的构造，太阳系诸行星的距离和质量就会趋近于零。"[4]

恩格斯通过一个正方体的微分与物质的凝结或蒸发过程的分析，说明无限小的客观基础。恩格斯进一步指出，恒星系、太阳系、地球上的物质、分子和原子、以太粒子（当时科学界假定的更小粒子，但后来证明以太不存在）都各自形成一组，在同一组内成员之间的质量是确定的、有限的比值，但对邻近组的各成员则具有数学意义上的无限大或无限小的比值。这种情况不会因为在各个组之间找到中间性的成员而有所改变。例如，在太阳系的物体和地球上的物体之间有小行星、流星，等等；在地球上的物体和分子之间有有机界的细胞，等等。恩格斯强调指出："这些中间成员只是证明：自然界中没有飞跃，正是因为自然界完全由飞跃所组成。"[5]

"自然界中没有飞跃"是17世纪德国哲学家和数学家莱布尼茨（1646—1716）的观点，即认为自然界中的任何事物都不是一下子造成的，自然界是连续性的，自然界的物质层次形成一个按照质量大小排列的联系的系列。这种观点在一定的范围内是对的，但超过一定的范围就不对了。因为它只看到了事物的量变而没有看到事物可以由量变引起质变。自然界是无限可分的，但纯粹量的分割会到一个极限，到了极限以后就有质的差别了。正像物质分割可以到分子，如果再分割，物质的性质就会改变了。

第五，恩格斯指出无限小（大）的“神秘性”是因为数学家陷入了数学的“抽象堡垒”，而忘记了数学的现实基础。恩格斯从认识论方面揭示了这种“神秘性”的根源。当时的数学家们感觉无限是某种神秘的东西，不可理解。恩格斯认为，这是由于“数学家退入他们的不可攻克的抽象堡垒”[6]。恩格斯指出：“数学的无限是从现实中借来的，尽管是不自觉地借来的，所以它只能从现实来说明，而不能从它自身、从数学的抽象来说明。如果我们从这方面来研究现实，那么如我们已经看到的那样，我们就发现数学的无限性的关系所从之借用来的现实关系，甚至就发现使这种关系起作用的数学方法在自然界中的类似物。而这样一来，事情就被说明了。”[7]

（二）关于数学的公理

在札记［7.2］中，恩格斯对数学的公理做了简洁而深刻的阐述。主要说明两个问题：

第一，给出数学公理的定义。恩格斯指出：“数学上的所谓公理，是数学需要作为自己的出发点的几个很少的思维规定。”[8]关于数学的公理，古希腊时期的亚里士多德（前 384 年—前 322 年）曾给出阐释。他指出演绎证明的科学（主要是数学）有两类命题：一是基本命题，也就是公理，是不能加以证明的，因为它是最后的命题，或者说是演绎证明的起点的命题；二是从基本命题演绎出的命题，即定理。这样，从公理通过逻辑演绎可以证明定理，而公理本身是不能用数学的方法证明的。

第二，公理不能用数学的逻辑演绎来证明，但不等于没有被人类的实践所证明。恩格斯指出：“我们所认为的这些公理的自明性是一代一代传下来的。这些公理只要不是纯粹的同义反复，就是可以辩证地证明的。”[9] 这就是说，虽然公理无须数学上的逻辑证明，但必须以人类世代的经验实践证明为前提，否则就不能获得公理的意义。实践是检验真理的唯一标准，数学上的公理也不例外。

（三）数学中的辩证法

恩格斯的其他 15 个数学札记［7.3—7.17］主要阐述了数学中的辩证法，包括数学运算方法中的辩证法、数学中量与质的辩证法、数学概念中的辩证法。

第一，数学运算方法中的辩证法。在数学运算中，各种不同的运算之间存在相互联系和相互转化的关系。加法与减法可以互为逆运算、乘法与除法可以互为逆运算、乘方与开方可以互为逆运算。加法和乘法有内在联系、减法和除法有内在联系、乘法和乘方有内在联系，等等。特别是经过笛卡尔、牛顿和莱布尼茨的研究成果，有了微积分，运动进入了数学，辩证法也进入了数学。

第二，数学中量和质的辩证法。数具有量的规定性，这是公认的事实。数也充满了质的差异。素数和乘积有质的差异。素数只能被 1 和其本身整除，而乘积除了能被 1 和其本身整除外，还可以被其他因子整除；简单的根和幂有质的差异。2 的平方根是无理数，2 的平方是有理数；同一个数与不同的运算方法结合，表现为不同的质。16 是 16 个 1 之和，又是 4 的平方或 2 的 4 次方；等等。恩格斯指出：“单个数在计数法中已经得到了某种质，而且质是依照这种计数法来决定的。”[10] 同一个数，在 2 进制、3 进制、5 进制、10 进制等等是很不同的，例如在 5 进制中，5 = 10，10 = 20，15 = 30，等等。

恩格斯还指出：“只要数学谈到无限大和无限小，它就导入一个质的差异，这个差异甚至表现为不可克服的质的对立：量的相互差别太大了，甚至它们之间的每一种合理的关系、每一种比较都失效了，甚至它们变成在量上不可同约的了。”[11] 这就是说，无限大和无限小都是质变，或者说，都是由量变引发的质变。

第三，数学概念中的辩证法。很多数学概念中存在辩证关系，恩格斯通过大量实例对此进行了阐述。

一和多存在辩证关系。恩格斯指出：“一和多是不能相互分离的、相互渗透的两个概念，而且多包含于一之中，同种程度地如同一包含于多之中一样。”[12]“多中有一”是不言而喻的，而“一中有多”往往不被理解。例如，一是整个正负数系统的基数，它加下去可以得出任何其他的数目；一是一的所有正幂、负幂和分数幂的表现；一是分子和分母相等的一切分数的值；一是任何数的零次幂的表示；等等。

零与非零存在辩证关系。恩格斯指出：“零是任何一个确定的量的否定，所以不是没有内容的。相反地，零是具有非常确定的内容的。作为一切正量和负量之间的界线，作为能够既不是正又不是负的唯一真正的中性数，零不只是一个非常确定的数，而且它本身比其他一切被它限定的数都更重要。事实上，零比其他一切数都有更丰富的内容。”[13] 恩格斯还列举说明了很多零在数学上的作用，说明零不是绝对的无，而是有非常确定、非常丰富的内容。

$\sqrt{-1}$ ——正和负的辩证关系。恩格斯指出：“$\sqrt{-1}$ 。——代数上的负量，只是和正量相关联的，只是在和正量的关系中才是实在的；在这种关系之外，就其本身来说，它们纯粹是虚构的。”[14] 这就是说，正数和负数存在辩证关系，两者既对立又统一。正数是正数，负数是负数，不能简单地等同起来，这表现为对立；正数和负数又各以对方为存在的条件，共处于统一体中，这是统一，并且在一定条件下，正数和负数可以相互转化。恩格斯从三角学、解析几何和相关的高等数学方面对于正和负的辩证关系给予了阐述。

确定的数和不确定的数存在辩证关系。恩格斯指出：“把某个确定的量，例如把一个二项式，化为无穷级数，即化为某种不确定的东西，从尝试来说，这是荒谬的举动。但是，如果没有无穷级数和二项式定理，那我们能去哪儿呢？”[15] 恩格斯通过二项式定理和无限级数阐明确定的数和不确定的数、有限数和无限数的辩证关系，特别是确定的数转化为不确定的数。

直线和曲线存在辩证关系。恩格斯指出：“几何学开始于下列的发现：直线和曲线是绝对对立的，直线完全不能用曲线表示，曲线也完全不能用直线表示，两者是不能同约的。而在具有渐近线的曲线的情况下，直线完全化为曲线，曲线完全化为直线；平行的观念也同样趋于消失：两条线并不是平行的，它们不断地相互接近，但永远不相交。”[16] 这就是说，在初等几何学中，直线和曲线是绝对的对立，而随着数学的发展，这种对立变成相对的，并在一定的条件下相互转化。恩格斯进一步指出：“当直线和曲线的数学差不多已经山穷水尽的时候，一条新的几乎无穷无尽的道路，由那种把曲线视为直线（微分三角形）并把直线视为曲线（曲率无限小的一次曲线）的数学开拓出来了。呵，形而上学！”[17]

三角形和圆存在辩证关系。恩格斯指出：“在综合几何学只从三角形本身考察了三角形的性质已经穷尽并且在没有什么新东西可说之后，一个更加广阔的天地被一个非常简单的、彻底辩证处理的方法开拓出来了。三角形不再被孤立地只对它本身并为了它本身来考察，而是和另一种图形，和圆形联系起来考察。”[18] 随后，恩格斯阐述了把三角形和圆形联系起来，能得到很多新发现，进而建立一种崭新的三角理论，并进一步指出：“三角形从综合几何学中的这种发展，这对辩证法来说是一个很好的例证，说明辩证法怎样从事物的相互联系中去理解事物，而不是孤立地去理解事物。”[19]

同一和差异存在辩证关系。恩格斯指出：“在微分运算中已经存在辩证的关系，在那里，dx 是无限小，然而是起作用的并且是无所不能的。”[20] 我们知道，在 dx 是无限小的条件下，直线和曲线等同起来，从而能够实现直线和曲线的相互转化。因此，同一和差异存在辩证关系，二者是对立的统一。

总之，恩格斯通过大量实例说明，无论从数学运算还是从数学概念到说明，在数学中和在其他自然科学领域一样，唯物辩证法的规律都是适用的。学习和自觉利用唯物辩证法，不仅会加深对数学的理解，而且有助于取得更多的科研成果。

二 力学、物理学和天文学

这一部分有四篇论文："运动的量度。——功"、"潮汐摩擦——康德、汤姆生和台特"、"热"、"电"，还有 42 篇札记。

（一）运动的量度。——功

这篇论文是《运动的基本形式》的续篇。恩格斯在此讨论了机械运动的两种量度的意义，以及和运动形式转化密切相关的概念——功。

这篇论文的开头引述了 19 世纪德国物理学家赫尔姆霍茨（1821—1894）的一段话，即对于没有搞通数理力学的人来说，"功"这个概念难以理解。恩格斯对此指出："但是，也许能够表明：在涉及概念的地方，辩证的思维至少可以和数学计算一样地得到有效的结果。"[21] 这里道出了辩证的思维对于理解科学概念的重要性。恩格斯正是用辩证的思维，对于运动的两种量度 mv 和 $\frac{1}{2}mv^2$ 的争论、功与能量转换问题进行了讨论。

第一，历史上关于"运动的量度"的争论。17 世纪末，随着力学的发展，在欧洲发生了一场关于"运动的量度"的争论。笛卡尔"把一个运动着的物体的质量和速度的乘积完全一般地看作是该物体的运动的量度"[22]。这样，运动的量度写为 mv。莱布尼茨看出笛卡尔的运动的量度和自由落体定律有矛盾。莱布尼茨把运动的力分成了死力和活力。死力的量度可以用 mv，而活力的量度则要用 mv^2，并认为这是物体的真正运动的量度。笛卡尔派并不认同莱布尼茨的观点，于是开展了一场著名的延续了很多年的争论，包括著名哲学家康德都参与了争论。后来达兰贝尔对这场争论给出所谓的“判决”，即认为是“毫无益处的咬文嚼字的争论”，两种量度都是有效的。于是这场争论沉寂下来。

这场关于“运动的量度”争论是在机械运动的范围内进行的，科学家不能区分两种量度的本质区别也不足为奇。但到 19 世纪中叶，当能量守恒与转化定律确立以后，一些科学家仍然把两种量度的意义混淆起来，包括对能量守恒与转化定律做出过贡献的赫尔姆霍茨、数学家苏特尔、力学家汤姆生和台特等等。

第二，恩格斯对“运动的量度”的分析。首先，恩格斯不认为上述争论仅仅是咬文嚼字的争论。恩格斯指出：“把这场由莱布尼茨这样的人物反对笛卡尔这样的人物引起的，而且又由康德这样的人物用他的相当大部头的处女作参预于其中的争论说出是毫无益处的咬文嚼字的争论，看起来是不行的。”[23] 其次，恩格斯认为，不能仅仅满足于两种量度的计算，必须弄清两种量度的不同性质和各自的物理意义。他通过对两种量度的情况进行比较，认为对于简单的机械运动，如完全弹性碰撞，两种量度都可以应用。“mv 显示为简单移动的，从而是正在持续的机械运动的量度，而 mv^2 显示为已经消失的机械运动的量度。”[24]“更进一步，在完全弹性体相碰撞的情形也是一样的，mv 的总和与 mv^2 的总和在碰撞的前后都是不变的。两个量度具有同样的效力。”[25]

对于非弹性碰撞，虽然动量守恒，但动能却不守恒了。恩格斯进一步考察了发生能量转化的情况，并得出结论：“一句话，mv 是在机械运动中量度的机械运动，$\frac{1}{2}mv^2$ 是在机械运动转化为一定量的其他形式的运动的能力方面来量度的机械运动。我们可以看到，这两种量度因为是互不相同的，所以归根到底并不相互矛盾。”[26] 显然，恩格斯把运动的量度与运动形式的转换联系起来了，因而弄清了两种量度的本质区别。

第三，恩格斯关于“功”与能量形式转化的密切联系。热功当量（1 千卡热量同 427 千克米的功相当）是能量守恒与转化定律的重要表现形式。这样，机械运动的功的数值不仅可以表达机械能与其他能量的相互转换的定量关系，而且可以作为各种能量转化的量度。因此，“功是从量的方面看出来的运动形式的变换。”[27] 在历史上，“功”是工程师以 $\frac{1}{2}mv^2$ 量度机械做功的本领，后来力学家则用 $\frac{1}{2}mv^2$ 表示动能。这不仅仅是由于计算的方便，而是因为功和动能的内在联系，说明两者本质上是一致的。

从本文恩格斯对动量、动能、功等物理概念的分析可以看到，自觉地运用辩证唯物主义观点，能够深刻认识概念之间的联系和区别，加深对事物本质的理解，从而真正理解“运动的量度”。

（二）潮汐摩擦——康德、汤姆生和台特

恩格斯这篇论文批评了汤姆生和台特把月球——地球系统看成绝对的力学系统，否认这个系统中机械运动向物理运动转化的可能性。同时恩格斯以能量守恒与转化定律为依据，指出这个系统中不仅有机械能的转化，而且存在机械能向热能等其他能量形式的转化。如果说前一篇论文（运动的量度。——功）主要讨论机械运动，后一篇论文（热）主要讨论分子的物理运动，这篇论文则主要讨论机械运动向物理运动的转化。

关于潮汐的成因，尽管人类很早就企图给出解释，但第一次科学地阐明潮汐成因则是牛顿把潮汐现象和万有引力定律联系起来，即主要由于月球绕地球的转动引发的。

牛顿（1643—1727）

牛顿之后，康德认为牛顿的解释有缺陷，没有看到潮汐引发的月球——地球系统的历史变化过程。1754 年，康德在其《关于地球自转问题的研究》一文中，不仅用万有引力定律解释潮汐的成因，而且提出潮汐的摩擦作用会使地球的自转变慢，也就是月球——地球系统有一个历史变化过程。恩格斯对康德的这一潮汐摩擦假说给予高度重视，他指出："康德已经以自己的星云说，宣布了太阳系的起源，同时又以自己的关于潮汐延缓地球自转作用的发现，宣布了太阳系的毁灭"[28]。

康德提出潮汐摩擦假说 100 多年以后，1867 年汤姆生和台特在其《自然哲学论》一书中提出，在月球——地球系统中，既存在月球对地球的万有引力作用，又存在地球对月球的万有引力作用，并且由于作用力与反作用力相等，结果导致地球因潮汐作用而自转变慢，地球自转减慢所消耗的动能会全部传递给月球，变成月球逐渐远离地球转动的位能，直到地球自转和月球绕地球公转的角速度相等，即一天等于一个月为止。

恩格斯在这篇论文中既肯定了汤姆生和台特的很多观点，包含地球和月球的相互作用、月球引力不仅对地球上的海水作用而且对地球的整体作用，又指出汤姆生和台特的理论只看到机械能（动能、位能）的守恒和转化，没有看到机械能向物理能（热能）和化学能的转化。恩格斯进一步揭示了汤姆生和台特的理论的悖论，指出："汤姆生和台特竟没有注意到，他们为建立潮汐摩擦的理论而提出了一个从地球是完全的刚体和绝不可能有潮汐，因而也绝不可能有潮汐摩擦这样一个默认的前提出发的理论。”[29] 这就是说，汤姆生和台特一方面把地球作为完全的刚体，另一方面又研究地球液体的摩擦，这本身就是自相矛盾。

恩格斯基于他对能量守恒与转化定律的全面理解，认为在月球——地球系统中，月球对地球的作用力只有一部分作为反作用力又传给了月球，另一部分则变成热（液体和固体的摩擦都会生热），放射到宇宙太空中去。这对月球——地球系统而言，放射出去的能量是最终失去了。

（三）热

恩格斯这篇论文是前一篇论文“潮汐摩擦——康德、汤姆生和台特”的逻辑延续，但这是一篇未完成的论文。论文的前一部分主要讨论与热（分子运动）有关的运动形式相互转化问题，后一部分叙述了人类对热认识的历史，并指出理论思维和科学理论的重要性。

在论文的前一部分，其一，恩格斯提出，机械运动的动能（活力）的消失的形式有两种：一是转化为机械的位能；二是转化为热和电。这两种转化形式都比较容易进行，前者如重物的提升；后者通过摩擦或碰撞。这两种转化的逆过程，机械的位能转化为动能比较容易，即动能和位能是直接可逆的，但热转化为机械的动能，不是直接可逆的。人类早在远古时代就实现了机械运动向热的转化，而真正实现热向机械运动的转化则要到 18 世纪，人类发明蒸汽机。

其二，恩格斯从运动形式相互转化的角度，对机械运动和分子运动进行了比较。宏观的机械运动只有几种转化形式，而进入分子运动领域，运动形式的变换才获得完全的自由，才更加丰富多彩。热（作为分子运动）既可以转化为机械运动，又可以转化为电、转化为光。热、光、电、磁可以相互转化。当分子的组成发生变化时，就形成了从物理学向化学的过渡。

其三，恩格斯提出：“当我们把物理学称为分子运动的力学的时候，不要忽略这个表述决不包括现代物理学的整个领域。恰恰相反。作为光和辐射热这些现象的媒介的以太振动，肯定不是现在字义下的分子运动。”[30] 尽管后来的科学发展证明以太并不存在，但恩格斯关于物理学领域随着科学研究的发展而扩大的思想却是正确的。物理学的领域从宏观物体的运动到分子的运动，再到原子和原子核内部的运动。

在论文的后一部分，恩格斯通过叙述人类认识热的漫长和曲折的历史，阐述理论与实践的关系、科学概念和理论发展的一些规律性。

首先，恩格斯指出：“机械运动转化为热在实践上的发现是如此之古老，甚至可以把它看作人类史开端的标志。”[31] 这个实践就是摩擦取火。然而，热转化为机械运动则是在几万年以后，到公元前 120 年左右亚历山大里亚的希罗才发明了一种本身喷射水蒸气而转动的机械。再过差不多 2000 年，人类才制造成了第一台蒸汽机，即第一个把热转化为真正有用的机械运动的装置。从蒸汽机发明到真正应用有几个重要人物，法国人巴本在德国人莱布尼茨的提示下发明了蒸汽机，英国人赛维利和约可门也发明了类似的机器，英国人瓦特发明了分离的冷凝器，并使蒸汽机能被广泛应用。

其次，恩格斯指出，与解决机械运动和热之间关系的实践相比，理论方面的情况“是够可怜的了”。在 18 世纪和 19 世纪初期蒸汽机发明和应用取得巨大进展的情况下，物理学家们却对蒸汽机漠不关心，没能相应地推进理论进展。直到 19 世纪 20 年代法国工程师卡诺才对蒸汽机进行了认真的研究，提出了理想热机原理及其功率，后经克拉佩龙用几何图形表示，形成理想热机的卡诺循环。再经克劳修斯等的分析和数学表达，才“探究到问题的底蕴”，形成对热机及热转化为机械运动的理性认识。

第三，恩格斯指出，热机的理论之所以远远落后于实践，是因为与 18 世纪形而上学思想方法密切相关的热质观念。只有摆脱热质观念，形成热是一种运动的科学概念，并关心实践和尊重实践，才能促进热机理论的发展，才能使理论水平和实践发展相互匹配，相互促进。

（四）电

恩格斯这篇论文主要依据德国科学家维德曼的《流电说和电磁说》一书所提供的事实材料，对维德曼的观点进行分析，并指出其理论观点的混乱及其原因，进而提出解决的出路及未来的发展方向。这篇文章主要讨论两个问题：一是电的本质问题；二是原电池中电流的能源问题。

第一，电的本质问题。恩格斯指出："电和热一样，也具有某种无处不在的性质，只是方式不同。如果不让电的现象同时显示出来，几乎没有一种变化能够在地球上发生。"[32] 人类在古代就发现摩擦生电的现象，但直到 18 世纪电才成为人们研究的重要领域。法国的丢飞发现不同物体摩擦产生两种不同的电，并认为电是两种流体。美国的富兰克林认为电是一种没有重量的电流质，渗透在一切实体之中。物质中的电流质过多就显正电，过少就显负电。两种看法虽有不同，但都认为电是特殊的流体。

进入 19 世纪，随着伏特发明电池、法拉第发现电磁感应定律以及电机、电灯及其他电器的发明，电在人们的生产和生活中得到越来越广泛的应用，人们对电的认识也有一定的发展，即认为电是一种特殊的运动形式。法拉第和麦克斯韦都认为电是弹性媒质以太的运动。

恩格斯认为，与流体说相比，以太说是一种进步。"以太说一方面指出一条道路，去摆脱关于两种相反的带电流体的原始的愚蠢观念，同时，另一方面，它使人们有希望弄清楚：什么是电运动的真正物质基础，什么东西的运动引起电现象。"[33] 同时，恩格斯又认为以太说还不能令人满意，还没有揭示电的本质。“在这以前或者在以太说也被另一个崭新的理论取而代之以前，电学就处在这个不愉快的地位上，不得不使用它自己也承认是错误的表达方法。”[34]

关于电的本质，恩格斯特别强调，什么是电运动的真正物质基础，什么东西的运动引起电现象。尽管对于电的物质承担者当时人们还没有找到，但恩格斯的这一观点不仅体现其对电的本质有深刻的认识，而且对电学的发展有引导意义。恩格斯还通过对当时电学的发展与化学的发展进行类比，来表示他的电的物质承担者这一思想及其重要性。当时化学由于英国化学家道尔顿（1766—1844）的原子论而得到有序地、系统地和快速地发展，这是因为化学有了原子及后来发现的分子成为其物质承担者。“当然在电学的领域中，一个像道尔顿的发现那样给整个科学提供一个中心点并给研究工作打下基础的发现，现在还有待人们去探求。”[35] 19 世纪末电子的发现，人们找到了电的物质承担者，这既证明了恩格斯的预见，又加深了人们对电的本质的认识。

第二，原电池中电流的能源问题。1780 年意大利生物学家伽伐尼（1737—1798）在解剖青蛙时，意外地发现两种金属（铁和铜）接触时，挂在铁丝上的已死去的青蛙腿竟然出现抽搐现象，他误认为这是“动物电”。受伽伐尼“青蛙实验”的启发，1800 年意大利物理学家伏特（1745—1827）制成了能提供持续电流的电池。这是电学发展史上具有里程碑意义的重大发明。然而，对于电流是怎样产生的，19 世纪上半叶有两种不同的解释：接触说和化学说。

接触说认为，每一种金属都含有电流体，其张力各不相同，两种金属接触时，电流体就会从张力高处向低处流动，产生电流。化学说则认为，金属和溶液的界面发生化学反应才能使电池产生电流。这两种学说争论的焦点在于，电池提供的电能是从哪里来的？

恩格斯认为，接触说是错误的，但在能量守恒与转化定律提出之前，也是可以理解的。然而，在此之后一些科学家仍然不愿放弃接触说，又不得不接受化学说的某些解释，从而引发理论观点的混乱。维德曼就是这样的科学家。

维德曼对于电流的产生给出三种自相矛盾的解释。首先是接触说，即金属接触时产生电的分离力而形成恒值电流；其次是否定了接触说的解释，承认化学作用，但只有当电流通过液体的时候才发生化学作用，即认为化学作用是电流引发的；最后是化学说，承认了化学反应是电池中电流的唯一能源。

恩格斯对维德曼产生上述理论混乱的原因进行了具体、深入的分析。恩格斯认为，经验主义，也就是轻视理论思维、面对新的科学事实仍然不愿放弃旧的传统观念，特别是不能彻底接受新的理论，即能量守恒与转化定律，是维德曼产生理论混乱的基本原因，而把能和产生能的装置混为一谈和把整体电池与电解槽混为一谈，也是其产生理论混乱的重要原因。

与此同时，恩格斯对电池中发生的化学过程、电流过程等进行了系统地分析，论证了化学说是正确的，接触说是错误的。事实证明，恩格斯的观点是正确的。

从恩格斯这篇论文的成功论证至少可以看出：一是恩格斯自觉运用唯物辩证法的观点和方法，坚持从运动形式转化的观点看待问题和坚持分析与综合相结合的分析方法；二是坚持和运用新的科学理论，这里主要是把能量守恒与转化定律运用于对电池中电流的来源的分析；三是分清主与次、整体与局部，这里主要是分清以某种形式存在的能量和产生能量的装置的不同，分清整体电池和电解槽的不同，从而能透过现象，抓住本质。

另外，虽然恩格斯这篇论文题目为“电”，但主要篇幅是阐述电和化学作用之间的密切联系和相互转化。恩格斯指出：“对化学作用同电的作用以及电的作用和化学作用之间的这种密切联系的理解，就会在这两个研究领域中获致巨大的成果。”[36] 恩格斯还在相关札记中指出："电化学。维德曼在说明电火花对化学分解和重新结合的影响时宣称：这宁可说是化学上的事情。在同一情况下，化学家也宣称：这倒不如说是物理学上的事情。这样，在分子科学和原子科学的接触点上，双方都宣称无能为力，但是恰恰就在这个地方可以期望取得最大的成果。”[37] 这意味着过度强调学科分工不利于科学的发展，而交叉学科（如电化学）则是科学发展的重要方向。100 多年来的科学发展证明，恩格斯的这一思想越来越显示出巨大的生命力。

（五）力学札记

在力学方面，恩格斯写了 5 篇札记（[7.22] — [7.26]）。其中，札记 [7.22] 主要说明力学范畴和定律的相对性；札记 [7.24] — [7.26] 主要批判牛顿关于神的第一推动力。

第一，力学范畴和定律的相对性。恩格斯指出："辩证思维的必然性和自然界中没有固定的范畴和关系的例子：落体定律，它在物体下落比较多几分钟时便不正确了，因为这时不能在没有误差地假设地球的半径 = ∞了，而且地球的吸引在增大，而不像伽利略的落体定律所假定的那样保持不变。”[38] 这里恩格斯以落地定律为例，说明力学范畴和定律的相对性。落体定律的公式为 $S=\frac{1}{2}gt^2$，即物体自由下落的距离 S，与重力加速度 g 和下落时间的平方 t^2 的乘积的一半成正比。这个定律的正确性具有相对性，只有在下落的距离远远小于地球的半径的情况下才是正确的，否则就不正确了，因为重力加速度 g 会随着物体与地心距离的减少而增加。

然而，当时的学校里却毫无保留地讲授这个定律，而没有说明它的条件性和相对性，这是片面的、不正确的。

第二，批判牛顿关于神的第一推动力。牛顿提出万有引力定律，并用来解释天体（地球、月亮等等）的运行，发现还需要一个切线力，天体才能做圆周（椭圆）运动。由于他把太阳系乃至宇宙看作是不变的，而不是逐渐形成和不断演化的，因此他不能给出切线力的来源，于是提出神的第一次推动，此后太阳系就按照目前的状况运行起来。恩格斯对牛顿的“第一推动力”进行了批判，并指出机械论和形而上学的思维方法是其重要原因。

恩格斯认为，根据康德—拉普拉斯星云说，根本不需要所谓的“第一推动力”，就能对太阳系及行星的运行的历史演变和现状给予说明。“拉普拉斯的理论只是以运动着的物质为前提——漂浮在宇宙空间中的一切物体都必然旋转。”[39]

（六）天文学札记

在天文学方面，恩格斯写了 6 篇札记（[7.27] — [7.32]）。这些札记大体涉及四个问题：恒星的运动、宇宙的无限性、星云的多样性、地球的潮汐摩擦。这些札记体现了恩格斯用辩证唯物主义的宇宙观，基于当时的天文观察资料，对天体运动、演化和宇宙的状况给予的阐述和说明。

恩格斯在这些札记中表达了这样一些观点：恒星并不像其名称那样是不动的，而是运动的，有自行、双星运动、星团的公转等；宇宙不是有限的，而是无限的；星云有各种形态，圆的、椭圆的、不规则的和锯齿形的；地球的潮汐是月球引发的；等等。这些观点大部分现已成为科学常识，有的还存在争议（如宇宙的无限性），但总的来看，恩格斯的观点是正确的。

（七）物理学札记

在物理学方面，恩格斯写了 31 篇札记（[7.33] — [7.63]）。这些札记所提供的材料和观点大部分已在本部分的 4 篇论文中不同程度地采用了。因此，这里只是给予补偿性导读。

第一，批判“宇宙热寂说”。19 世纪中叶，德国物理学家克劳修斯（1822—1888）和英国物理学家汤姆生（1856—1940）等科学家根据热力学第二定律得出宇宙学推论，即能量转化有方向性，功可以全部变为热，而热不能全部变为功，提出宇宙中的动能最终都要转化为热，而热则要均匀地散布到宇宙空间去。这样，宇宙最终因失去动能而变成死寂状态的宇宙。恩格斯对“宇宙热寂说”进行了批判。

一是“宇宙热寂说”违反能量转化的原理。“克劳修斯的第二原理等等，不管他怎样提出来都行，都不外乎是：能量消失了，如果不是在量上，那也是在质上消失了。”[40]

二是“宇宙热寂说”违反能量在量上守恒的原理。恩格斯指出，基于“宇宙热寂说”，“宇宙中存在的运动或能的量不是永远一样的；因此，能必定是创造出来的，因此是可以创造的，因此是可以消灭的。”[41]

三是“宇宙热寂说”提出的问题需要未来的科学给予回答。“宇宙热寂说”虽然是错误的，但它提出了一个重要的科学问题，即散发到宇宙空间的热如何再重新聚集起来。恩格斯指出：“只有证明了辐射到宇宙空间的热怎样重新变成可以利用的东西，才最终解决这个问题。”[42] 恩格斯既知道解决这个问题的困难，又坚信这个问题能够得到解决。恩格斯指出：“要用我们简陋的手段解决这个问题，可能还要经过很长的时间。但是它会得到解决，这是确定无疑的，就像已经确定自然界中没有什么奇迹，星云的原始的热并不是由什么奇迹从宇宙之外传给它一样。”[43]

第二，分子运动的辩证法。

一是恩格斯阐述了分子之间由于吸引和排斥的相互作用而导致物质聚集状态的变化。当分子之间吸引占主导方面时，物质呈现为固态或液态；当分子之间排斥占主要方面时，物质呈现为气态。“内聚力——在气体中是负的——吸引转变为排斥：后者只有在气体和以太（？）中才是真实的。”[44] 不同聚集状态之间的转变是一个由量变到质变的过程，而熔点和沸点就是转变的关节点。

二是恩格斯批判了聚集状态不变的所谓“永恒气体”。恩格斯指出：“在绝对零度下任何气体都不可能存在，分子的一切运动都停止了；只有微不足道的压力，因而只要有它们自己的吸引，就可以把它们压在一起。因此，永恒气体是不可能的东西。”[45]

三是分子运动与物体运动既有密切联系又有本质区别。物体运动可以转化为分子运动。“在蒸发过程中——物体的运动直接转化为分子运动。”[46]“气体运动理论证明 mv^2 也适用于气体分子。因此，分子运动和物体的运动有同样的定律。两者的差异在这里被扬弃了。”[47]

四是气体分子与地球之间存在吸引和排斥的相互作用。气体分子的热运动有向上离开地球的倾向，但到一定距离以后，分子的动能变成位能，地球的引力（重力）会使气体分子运动静止下来或回转去。

第三，光和暗的对立统一。恩格斯指出：“光和暗肯定是自然界中最明显、最确定的对立。”[48] 然而，可见光线和暗光线都是电磁波，这是它们的统一性。“最深的暗和最明亮、最耀眼的光对我们的眼睛起同样的目眩的作用，所以对我们来说也是等同的。”[49] 从光线与人的视觉的关系来看，光和暗也存在统一性。“什么是光，什么是非光，这取决于眼睛的构造。”[50] 这就是说，光和暗还是主观因素与客观因素的对立统一。

三｜化学

这部分只有 5 篇札记（[7.64]—[7.68]）。然而，恩格斯在本书的许多地方讨论了化学方面的问题，特别是在“电”这篇论文中，大量篇幅涉及化学问题。这 5 篇札记中主要涉及原子论问题和化学研究方法问题。

第一，新的原子论的意义。恩格斯指出：“化学中的新时代是随着原子论开始的（所以，近代化学之父不是拉瓦锡，而是道尔顿），相应地，物理学中的新时代是随着分子论开始的（在另外一种形式中——，但在本质上不过是这一过程的另一个方面——从运动形式相互转化的发现开始的）。”[51] 这就是说，道尔顿的原子论对于化学发展具有里程碑意义。

恩格斯还指出新的原子论的辩证性质：“新的原子论和所有以前的原子论的区别，在于它并不主张（撇开蠢材不说）物质只是分立的，而是主张各个不同阶段的各个分立的部分（以太原子、化学原子、物体、天体）是各个不同的关节点，这些关节点制约一般物质的各种不同的质的存在形式——往下直到没有重量的存在物和排斥的形式。”[52] 这里恩格斯强调原子（化学原子）只是物质世界分割的一个重要的关节点，但不是终点，它还将分为以太原子（尽管后来研究证明以太并不存在，但却发现原子可以分割为电子和原子核，进而可以分割为质子、中子及更基本的粒子）。

第二，化学的研究方法不应绝对化，否则就会成为进一步发展的障碍。恩格斯指出：“旧有的、方便的、适用于至今还是流行的实践的方法，怎样移到其他领域中并且在那里变成障碍：在化学中，有化合成分的百分率计算法，它是使化合的定比和倍比定律不被发现的最好不过的方法，并且它也确实相当长时期地使这些定律不被发现。”[53] 因此，在科学研究中要根据实际情况采用适当的方法。

化学命名方法也应该随着化学的发展而改变，否则就会成为理解的障碍。恩格斯指出：“在有机化学中，一个物体的意义以及由此而来的它的名称，不再仅仅由它的组成来决定，而更多地是由它在它所隶属的系列中的位置来决定。因此，如果我们发现了某个物体属于某个这样的系列，那末它的旧名称就变成了理解的障碍，而必须由一个系列的名称来代替（石蜡等等）。”[54] 显然，这种系列的名称能更好地理解化学性质。因此，对化学命名法也应该有辩证法的观点，不能一成不变。

四 | 生物学

这部分有 19 个札记（[7.69] — [7.87]）。除了这些札记之外，恩格斯在本书的其他部分（如札记 [辩证法]）和在《反杜林论》等著作中也有不少关于生物学问题的论述。这些札记大体包括三方面的内容：生命的本质、生命的起源、生物的进化。

第一，批判“生命力”论和机械论，阐明生命的本质是蛋白体的存在方式。关于生命的本质有两种错误的观点：一是“生命力”论，认为生命现象既不能通过物理途径来解释，又不能通过化学途径来解释，只能通过一种非物质的“生命力”来解释；二是机械论，认为生命过程最终可以归结为物理的和化学的过程。恩格斯既批判了“生命力”论，又批判了机械论，认为生命运动是一种更为高级、更为复杂的运动形式。“生命是蛋白体的存在方式，这个存在方式的本质契机在于和它周围的外部自然界的不断的物料交换，而且这种物料交换一停止，生命就随之停止，结果便是蛋白质的分解。”[55] 当时，生物学还没有揭示核酸特别是 DNA 结构，现在看来，蛋白质和核酸有机结合构成蛋白体。

蛋白体与一般的物理和化学过程的不同在于具有自我更新能力，表明生命是新的东西不断产生，旧的东西不断死亡的过程。“今天，不把死亡看作生命的重要因素、不了解生命的否定实质上包含在生命自身之中的生理学，已经不被认为是科学的了，因此，生命总是和它的必然结果，即始终作为种子存在于生命中的死亡联系起来考虑的。辩证的生命观无非就是这样。”[56]

第二，批判自然发生说和生命永恒说，指出地球上的生命是物质发展到一定阶段的产物。对于地球上的生命起源有两种截然相反的观点：一是自然发生说，认为生命有机体能从有机质甚至无机物中很快地产生出来，例如，肉汤很快变质（产生很多微生物），垃圾堆下很快有毛毛虫甚至老鼠，等等；二是生命永恒说，认为生命与物质一样古老，生命可以在宇宙之间传递，地球上的生命“胚种”来自于地球之外。

巴斯德（1822—1895）

法国微生物学家巴斯德（1822—1895）的曲颈瓶实验证明，肉汤变质是由于周围环境里的微生物感染肉汤引起的，不是自然发生的。当然，巴斯德的实验只是证明生命不能短期内自然发生，不能说在地球的条件下经过长期的过程也不能产生生命。

一些人（如李比希、赫尔姆霍茨）把巴斯德的结论绝对化，认为既然生命不能自然发生，生命就应该是永恒的，根本不存在生命发生的问题，进而认为地球上的生命来自于宇宙空间，生命“胚种”能够在宇宙空间传递，遇到有适合生存环境的星球，就能保存下来，并繁殖和发展。

不管是“自然发生说”还是“生命永恒说”，都否定生命产生和发展的历史过程。恩格斯在《自然辩证法》的《导言》中，考察了地球上生命发生的过程，即由无机界的化学物质经过长期的演变形成生命的原生质，再经过若干万年，产生细胞，进而产生生命。现代科学的发展证明恩格斯关于地球上生命起源的思路是正确的。

第三，阐述生物进化过程，高度评价英国生物学家达尔文（1809—1882）的进化论，并指出达尔文过分夸大了种内斗争在生物进化中的作用。恩格斯在《原生生物》（第286页—第288页）札记中，阐述了生命从无细胞结构到有细胞结构、从单细胞生物到多细胞生物的进化过程。这种进化过程既有形态上的进化又有机能上的进化，并且进化的速度不断加快。对于达尔文的生物进化论，马克思和恩格斯都给予高度肯定，把它看作19世纪的三大发现之一，并把它看作他们自己学说的自然史基础。但恩格斯认为，达尔文由于受英国人口学家和政治经济学家马尔萨斯（1766—1834）人口论的影响，过分夸大了生存斗争和自然选择对进化的作用，而低估了适应和遗传对进化的作用。

恩格斯指出，存在两种选择：一是由于繁殖过剩的压力而发生的选择，二是由于对环境的适应能力而发生的选择。达尔文片面夸大了前者的作用，而对后者估计不足。恩格斯认为，有机界既有斗争的一面又有合作的一面。在达尔文学说建立之前，一些人片面强调合作，而在此之后，又片面强调斗争。“在自然界中决不允许单单把片面的‘斗争’写在旗帜上。但是，想把历史的发展和纷乱的全部多种多样的内容都总括在‘生存斗争’这样一个干瘪而片面的词句中，这是完全幼稚的。这简直是什么也没有说。”[57]恩格斯还指出，不管是把经济学的竞争学说以及马尔萨斯的人口论直接搬到自然界，还是把自然界的生存斗争直接用来说明社会，都是错误的，更不能用生存斗争来为人剥削人、人压迫人的资本主义制度作辩护。

【本章注释】

[1]［德］恩格斯：《自然辩证法》，于光远等译编，人民出版社1984年版，第3页。

[2] [德] 恩格斯 :《自然辩证法》，于光远等译编，人民出版社 1984 年版，第 157 页。

[3] [德] 恩格斯 :《自然辩证法》，于光远等译编，人民出版社 1984 年版，第 158 页。

[4] [德] 恩格斯 :《自然辩证法》，于光远等译编，人民出版社 1984 年版，第 162 页。

[5] [德] 恩格斯 :《自然辩证法》，于光远等译编，人民出版社 1984 年版，第 162 页。

[6] [德] 恩格斯 :《自然辩证法》，于光远等译编，人民出版社 1984 年版，第 162 页。

[7] [德] 恩格斯 :《自然辩证法》，于光远等译编，人民出版社 1984 年版，第 163 页。

[8] [德] 恩格斯 :《自然辩证法》，于光远等译编，人民出版社 1984 年版，第 163 页。

[9] [德] 恩格斯 :《自然辩证法》，于光远等译编，人民出版社 1984 年版，第 163 页。

[10] [德] 恩格斯 :《自然辩证法》，于光远等译编，人民出版社 1984 年版，第 165 页。

[11] [德] 恩格斯 :《自然辩证法》，于光远等译编，人民出版社 1984 年版，第 165 页。

[12] [德] 恩格斯 :《自然辩证法》，于光远等译编，人民出版社 1984 年版，第 166 页。

[13] [德] 恩格斯 :《自然辩证法》，于光远等译编，人民出版社 1984 年版，第 167 页。

[14] [德] 恩格斯 :《自然辩证法》，于光远等译编，人民出版社 1984 年版，第 169 页。

[15] [德] 恩格斯 :《自然辩证法》，于光远等译编，人民出版社 1984 年版，第 170 页。

[16] [德] 恩格斯 :《自然辩证法》，于光远等译编，人民出版社 1984 年版，第 170 页。

[17] [德] 恩格斯：《自然辩证法》，于光远等译编，人民出版社 1984 年版，第 171 页。

[18] [德] 恩格斯：《自然辩证法》，于光远等译编，人民出版社 1984 年版，第 171 页。

[19] [德] 恩格斯：《自然辩证法》，于光远等译编，人民出版社 1984 年版，第 171 页—第 172 页。

[20] [德] 恩格斯：《自然辩证法》，于光远等译编，人民出版社 1984 年版，第 172 页。

[21] [德] 恩格斯：《自然辩证法》，于光远等译编，人民出版社 1984 年版，第 173 页。

[22] [德] 恩格斯：《自然辩证法》，于光远等译编，人民出版社 1984 年版，第 173 页—第 174 页。

[23] [德] 恩格斯：《自然辩证法》，于光远等译编，人民出版社 1984 年版，第 175 页。

[24] [德] 恩格斯：《自然辩证法》，于光远等译编，人民出版社 1984 年版，第 180 页—第 181 页。

[25] [德] 恩格斯：《自然辩证法》，于光远等译编，人民出版社 1984 年版，第 181 页。

[26] [德] 恩格斯：《自然辩证法》，于光远等译编，人民出版社 1984 年版，第 184 页。

[27] [德] 恩格斯：《自然辩证法》，于光远等译编，人民出版社 1984 年版，第 185 页。

[28] [德] 恩格斯：《反杜林论》，人民出版社 1970 年版，第 10 页。

[29] [德] 恩格斯：《自然辩证法》，于光远等译编，人民出版社 1984 年版，第 194 页。

[30] [德] 恩格斯：《自然辩证法》，于光远等译编，人民出版社 1984 年版，第 195 页。

[31] [德] 恩格斯：《自然辩证法》，于光远等译编，人民出版社 1984 年版，196 页。

[32] [德] 恩格斯：《自然辩证法》，于光远等译编，人民出版社 1984

年版，第198页。

[33] [德] 恩格斯：《自然辩证法》，于光远等译编，人民出版社1984年版，第204页。

[34] [德] 恩格斯：《自然辩证法》，于光远等译编，人民出版社1984年版，第204页。

[35] [德] 恩格斯：《自然辩证法》，于光远等译编，人民出版社1984年版，第199页。

[36] [德] 恩格斯：《自然辩证法》，于光远等译编，人民出版社1984年版，第253页。

[37] [德] 恩格斯：《自然辩证法》，于光远等译编，人民出版社1984年版，第273页。

[38] [德] 恩格斯：《自然辩证法》，于光远等译编，人民出版社1984年版，第254页。

[39] [德] 恩格斯：《自然辩证法》，于光远等译编，人民出版社1984年版，第255页。

[40] [德] 恩格斯：《自然辩证法》，于光远等译编，人民出版社1984年版，第266页。

[41] [德] 恩格斯：《自然辩证法》，于光远等译编，人民出版社1984年版，第266页。

[42] [德] 恩格斯：《自然辩证法》，于光远等译编，人民出版社1984年版，第265页。

[43] [德] 恩格斯：《自然辩证法》，于光远等译编，人民出版社1984年版，第265页。

[44] [德] 恩格斯：《自然辩证法》，于光远等译编，人民出版社1984年版，第267页。

[45] [德] 恩格斯：《自然辩证法》，于光远等译编，人民出版社1984年版，第266页。

[46] [德] 恩格斯：《自然辩证法》，于光远等译编，人民出版社1984年版，第266页。

[47] [德] 恩格斯：《自然辩证法》，于光远等译编，人民出版社1984

年版，第 267 页。

[48]［德］恩格斯：《自然辩证法》，于光远等译编，人民出版社 1984 年版，第 268 页。

[49]［德］恩格斯：《自然辩证法》，于光远等译编，人民出版社 1984 年版，第 269 页。

[50]［德］恩格斯：《自然辩证法》，于光远等译编，人民出版社 1984 年版，第 269 页。

[51]［德］恩格斯：《自然辩证法》，于光远等译编，人民出版社 1984 年版，第 275 页。

[52]［德］恩格斯：《自然辩证法》，于光远等译编，人民出版社 1984 年版，第 275 页—第 276 页。

[53]［德］恩格斯：《自然辩证法》，于光远等译编，人民出版社 1984 年版，第 275 页。

[54]［德］恩格斯：《自然辩证法》，于光远等译编，人民出版社 1984 年版，第 276 页。

[55]［德］恩格斯：《自然辩证法》，于光远等译编，人民出版社 1984 年版，第 284 页。

[56]［德］恩格斯：《自然辩证法》，于光远等译编，人民出版社 1984 年版，第 277 页。

[57]［德］恩格斯：《自然辩证法》，于光远等译编，人民出版社 1984 年版，第 291 页。

第八章 劳动在从猿到人的转变中的作用

恩格斯这篇论文作为《自然辩证法》正文的最后一部分，可以作为从阐述自然界的辩证法到阐述社会历史辩证法的桥梁。这篇论文的核心思想就是阐述劳动在从猿到人的转变中的作用，内容大致包括三个方面：一是猿怎样变为人；二是人和一般动物的根本区别；三是人怎样才能成为自然界的主人。

第一，猿怎样变为人？达尔文根据生物进化论和当时的科学成果，提出猿是人类祖先的观点，但猿怎样变为人的问题没有解决。进一步而言，仅仅依据生物进化论的自然选择或性选择，不能解决从猿到人的动力问题。对此，恩格斯基于辩证唯物主义立场，明确提出："劳动创造了人本身。"[1] 然而，这是一个渐进、漫长、一代一代遗传和积累的过程。

从猿到人的第一步是手脚分工。几十万年以前的森林古猿，善于用两个前肢在树枝之间活动，这为手脚分工奠定了基础，而攀援等活动进一步促进手脚执行不同的功能，进而能沿着树干半直立行走。沿着这个方向进一步发展就可能使它们"在平地上行走时就开始摆脱用手帮助的习惯，并且越来越多地采取直立行走。由此就迈出了从猿转变到人的具有决定意义的第一步"。[2] 这样，猿的前肢就从行走的束缚中解放出来。

从猿到人的第二步是从猿的前肢变为人的手。这个过程经历几十万年。开始时使用天然工具，后来可以制造简单的工具。而把第一块燧石做成刀子则是具有决定意义的第一步。"手变成自由的了，能够不断地获得新的熟练技能，它因此而获得的较大的灵活性便遗传下来，一代一代地增加着。"[3]"所以，手不仅是劳动的器官，它还是劳动的产物。"[4]

从猿到人的第三步是劳动促进了语音器官和语言的发展，而语言和劳动相互促进，促使猿脑变成人脑。恩格斯指出："首先是劳动，然后是语言和劳动一起——它们是两个最主要的推动力，在它们的影响下，猿脑就逐渐过渡到人脑。"[5] 然而，这不是一个单项过程，而是双向或多项的相互作用过程。脑的发展"又反作用于劳动和语言，为二者的进一步发展提供愈来愈新的推动力"。[6] 在这种相互作用过程中，社会因素添加进来，并起着越来越大的作用。"由于随着完全形成的人的出现而添加上了新的因素——社会，这种发展一方面获得了强有力的推动力，另一方面又获得了更确定的方向。"[7] 这个方向就是不断进步的方向，而不再会出现大的反复。

第二，人和一般动物的根本区别在哪里？人类通过劳动从动物界分离出来，便开始了人类发展的历史，从打猎和畜牧到农业、手工业和商业，从物质生产到艺术和科学，从部落到民族和国家，等等。显然，人类的这些劳动不再是被动的、消极的，而是主动的、有计划的。在劳动过程中不仅手变得越来越灵巧，而且大脑变得越来越发达，脑力劳动变得越来越重要。然而，不能过分夸大脑的作用，否则就会滑向唯心主义。

恩格斯在阐述和分析的基础上得出结论："一句话，动物仅仅利用外部自然界，简单地用自己的存在在自然界中引起改变；而人则通过他所作出的改变来使自然界为自己的目的服务，来支配自然界。这便是人同其他动物的最后的本质的区别，而造成这一区别的还是劳动。"[8]

第三，人怎样才能成为自然界的主人？人类的劳动不仅能利用自然，而且能支配自然，而要真正达到这一目的就要认识自然规律，并按照自然规律行事。只有这样，人类才能真正成为自然界的主人。然而，这是一个复杂的、曲折的过程。"我们不要过分陶醉于我们人类对自然界的胜利。对于每一次这样的胜利，自然界都对我们进行报复。每一次胜利，在第一线都确实取得了我们预期的结果，但是在第二线和第三线却有了完全不同的、出乎预期的影响，它常常把第一个结果重新消除。”[9] 恩格斯列举了历史上一些国家和地区的相关案例，说明不按照大自然的规律去改造自然，就会受到大自然的报复和惩罚。恩格斯强调指出：“我们必须在每一步都记住：我们统治自然界，决不像征服者统治异民族那样，决不同于站在自然界以外的某一人，——相反，我们连同肉、血和脑都是属于自然界并存在于其中的；我们对自然界的全部支配力量就是我们比其他一切生物强，能够认识和正确运用自然规律。”[10]

人要成为自然界的主人不仅要按照自然规律办事，而且要按照社会规律办事。然而，后者就更加困难，人类也有一系列的惨痛教训。“但是经过长期的常常是痛苦的经验，经过对历史材料的比较和研究，我们在这一领域中，也渐渐学会了寻清楚我们的生产活动的间接的、比较远的社会方面的影响，并且因之我们就有可能也去支配和调节这种影响。”[11] 这就是说，我们已经对社会规律有了科学的认识，并有可能按照社会规律办事。“但是要实行这种调节，仅仅认识是不够的。这还需要对我们迄今存在过的生产方式以及和这种生产方式在一起的我们今天的整个社会制度的完全的变革。”[12] 这就是说，只有进行社会革命，推翻只顾眼前利益而看不到长远未来的资本主义制度，才能做到按照社会规律办事。

【本章注释】

[1] [德] 恩格斯：《自然辩证法》，于光远等译编，人民出版社 1984 年版，第 295 页。

[2] [德] 恩格斯：《自然辩证法》，于光远等译编，人民出版社 1984 年版，第 295 页。

[3] [德] 恩格斯：《自然辩证法》，于光远等译编，人民出版社 1984 年版，第 297 页。

[4] [德] 恩格斯：《自然辩证法》，于光远等译编，人民出版社 1984 年版，第 295 页。

[5] [德] 恩格斯：《自然辩证法》，于光远等译编，人民出版社 1984 年版，第 299 页。

[6] [德] 恩格斯：《自然辩证法》，于光远等译编，人民出版社 1984 年版，第 299 页。

[7] [德] 恩格斯：《自然辩证法》，于光远等译编，人民出版社 1984 年版，第 300 页。

[8] [德] 恩格斯：《自然辩证法》，于光远等译编，人民出版社 1984 年版，第 304 页。

[9] [德] 恩格斯：《自然辩证法》，于光远等译编，人民出版社 1984 年版，第 304 页—第 305 页。

[10] [德] 恩格斯：《自然辩证法》，于光远等译编，人民出版社 1984 年版，第 305 页。

[11] [德] 恩格斯：《自然辩证法》，于光远等译编，人民出版社 1984 年版，第 306 页。

[12] [德] 恩格斯：《自然辩证法》，于光远等译编，人民出版社 1984 年版，第 306 页。

第九章 《自然辩证法》的影响和意义

一 广泛和深入的影响

恩格斯《自然辩证法》这本书自 1925 年在苏联出版后，先后又在日本、中国、英国、法国等国出版，产生了广泛的影响。首先，在苏联，人们开始学习恩格斯《自然辩证法》并很快用来研究自然科学方面的有关问题，写出一些很有思想的研究成果，并产生广泛影响。例如，1927 年苏联哲学家德波林的论文《唯物辩证法和自然科学》在日本翻译出版。这篇论文既介绍了恩格斯《自然辩证法》的内容，又阐述了自己对自然辩证法的观点，认为自然辩证法是自然科学的代数，对自然科学研究有重要的认识论和方法论意义。1929 年，《自然辩证法》在日本翻译出版；1932 年，日本学术界在"唯物论研究会"内，设立了自然科学部门研究会，专门从事自然辩证法研究。1936 年，日本著名物理学家武谷三男把自然辩证法与物理学研究结合起来，提出有很大影响的"三阶段论"科学方法论，即从现象论到实体论，再到本质论。

再如，1931 年苏联科学史家黑森在伦敦科学史世界大会上发表《牛顿〈原理〉的社会经济根源》一文，用自然辩证法的观点从社会经济背景上研究自然科学的发展，产生了很大影响。随后，美国、英国、法国的一些科学家和哲学家基于对自然辩证法的研究发表了一些重要论著，如美国默顿的《17 世纪英国的科学、技术与社会》（1938 年），英国贝尔纳的《科学的社会功能》（1939 年）、《历史上的科学》（1954 年），等等。

1932 年恩格斯《自然辩证法》在中国翻译出版（上海神州国光社），以后分别在 1950 年（北京三联出版社）、1955 年（人民出版社）、1971 年（人民出版社）和 1984 年（人民出版社）翻译出版。

1984 年版《自然辩证法》是按照恩格斯的构思而编辑的，并添加了一些相关内容。《自然辩证法》在中国产生了持续而深远的影响。

20 世纪 30 年代，中国的一些学者（如艾思奇等）开始研究和宣传恩格斯《自然辩证法》，并出版一些研究成果，如刘剑横的《自然科学与社会科学的关系》（1932 年）、艾思奇的《进化论与真凭实据》《现代自然科学的危机》《形而上学与现代自然科学》（1933 年）。1936 年上海成立自然科学研究会，成员包括艾思奇、廖庶谦、孙克定、钱保功、于光远、陈珪如等。这是我国第一个自然辩证法研究团体。抗日战争以后，重庆和延安等地都有一些人学习和研究《自然辩证法》。

1938 年在延安成立新哲学研究会，毛泽东等许多党中央领导人都是会员，艾思奇为会长。新哲学研究会学习和研究的书目包括《自然辩证法》《反杜林论》等。1938 年在延安还成立《自然辩证法》读书小组。1939 年在延安成立自然科学研究院，其中包括一个自然辩证法研究小组，由院长徐特立指导，于光远主持。这个小组除了系统地学习《自然辩证法》、《反杜林论》等著作外，还翻译和编辑出版相关读物和文章。

1938 年在重庆，在郭沫若发起下成立了学术研究会，其中有一个自然科学小组，自然辩证法则是研讨的重要内容，并发表了很多相关文章。

在抗战期间及抗战以后，上海的陈珪如等仍坚持自然辩证法的翻译和研究。1947 年陈珪如的《自然辩证法》出版。本书分前后两篇，分别为“自然辩证法史”和“自然辩证法概论”。

总之，中华人民共和国建立之前，恩格斯《自然辩证法》在我国已经有近 20 年的传播，并产生了一定的影响，特别是一些自然科学工作者要寻找马克思主义与自己专业的结合点，往往就会学习、研究和宣传自然辩证法。

1949 年新中国成立以后，恩格斯《自然辩证法》产生的影响不断扩大。首先，《自然辩证法》的思想是随着在全国范围内的马克思主义启蒙运动而扩大传播和影响的。20 世纪 50 年代初期，作为自然发展史和社会发展史的结合点，《自然辩证法》中“劳动在从猿到人转变过程中的作用”这篇论文得到了广泛的传播并产生了很大影响。一些自然科学工作者，如李四光、裴文中、华罗庚等都撰写文章，把自然辩证法的思想和自己的专业结合起来，探讨科学观、科学认识论和方法论等方面的问题。

1955 年以后，自然辩证法逐步在中国的一些大学列为正式教学课程。这是恩格斯《自然辩证法》在中国扩大影响的标志性事件，并且从 1953 年开始，北京大学哲学系开始招收自然辩证法研究生，并且由哲学家和科学家分别担任研究生的哲学导师和自然科学导师。

1956 年中国制定 12 年（1956 年—1967 年）科学发展远景规划，自然辩证法纳入了此规划。规划草案指出：“在哲学和自然科学之间是存在着这样一门学科，正像在哲学和社会科学之间存在着一门历史唯物主义一样。这门科学，我们暂定名为‘自然辩证法’，因为它直接继承着恩格斯在《自然辩证法》一书中曾进行过的研究。但也有人不同意，认为在目前还是以‘自然科学和数学中的哲学问题’来称呼比较确切些。”为落实自然辩证法发展规划，中国科学院哲学所成立自然辩证法研究组，并创办《自然辩证法研究通讯》。

1958 年中共中央高级党校开办了自然辩证法研究班，学员有 70 多名。研究班集体编写了一部《自然辩证法提纲》（草案），这是我国第一部自然辩证法总论性的著作。1961 年以后，中国人民大学、北京大学和中国科学院哲学所联合招收自然辩证法研究生，一些大学先后成立自然辩证法教研室，并出版《〈自然辩证法〉解说》《〈自然辩证法〉简释》等图书，结合科学史和现代科学技术成果来解说恩格斯的著作。1960 年以后，我国的上海、广东、北京先后成立自然辩证法研究会。

总之，规划制定以后到“文化大革命”的十年间，自然辩证法的各个方面的研究都得到一定的发展，既出了一些成果又出了一些人才，表明恩格斯《自然辩证法》的研究和发展有了体制性保障，并产生了学科性影响。

“文化大革命”期间，我国的自然辩证法工作与整个自然科学和社会科学一样，受到极大的破坏和歪曲。高等学校和科研机构停止工作，《自然辩证法研究通讯》停刊，自然辩证法工作者被当作“资产阶级反动学术权威”，错误地批判爱因斯坦及其相对论。但在此期间也有一些积极的进展，如 1971 年人民出版社出版恩格斯《自然辩证法》新译本，上海出版《外国自然科学哲学摘译》，1975 年中国科学院组织自然辩证法工作者选编《必须用哲学指导自然科学的研究，但不是用哲学代替自然科学》的马克思、恩格斯、列宁、毛泽东语录。

“文化大革命”结束以后，恩格斯《自然辩证法》在中国产生了极为广泛和深入的影响。1978 年全国科学技术发展长远规划把“自然辩证法和科学技术史研究”列为重点，并起草《1978 年—1985 年自然辩证法研究规划纲要（草案）》。1981 年成立中国自然辩证法研究会，其秘书处成为正局级单位。1979 年《自然辩证法通讯》正式出版，1985 年《自然辩证法研究》创刊，1984 年《科学技术与辩证法》创刊，等等。

1978 年以后，自然辩证法课程被教育部确定为高等学校理工农医科硕士研究生马克思主义理论必修课和本科生选修课。这不仅使恩格斯《自然辩证法》获得广泛的群众性影响，而且使自然辩证法教学和研究从广度和深度上都上了新台阶，进入新阶段。1979 年教育部统编教材《自然辩证法讲义》出版，内容包括自然观、自然科学观、自然科学方法论三篇，从而创新性地构建了自然辩证法课程教学的框架。随后又出版了 10 个自然辩证法学科分册，分别阐述工程技术科学、农学、医学、科学分类、数学、天文、地学、物理学、化学、生物学的辩证法。此后，又有上百个版本的自然辩证法的教材出版。

自从 1981 年实施《中华人民共和国学位条例》以来，先后批准了自然辩证法（科学技术哲学）上百个硕士点和几十个博士点，并且自然辩证法逐渐拓展为一个学科群，包括自然发展史和自然观、科学认识论和方法论、科学思想史、科学哲学、技术哲学、工程哲学、环境哲学、生态哲学、医学哲学、科学学、科学社会学、科技政策和管理、科技与社会等等。这样，不仅培养了大量的自然辩证法人才，而且产生了大量的研究成果，特别是对我国 1978 年以来的思想解放和科学决策做出了突出的贡献。

综上所述，恩格斯《自然辩证法》自 1925 年在苏联出版后，不仅在苏联而且在日本和欧美国家都产生了较大的影响，而在中国则产生了持久、广泛和深入的影响，特别是自然辩证法在中国高等学校成为理工农医硕士研究生马克思主义理论必修课和能够授予硕士和博士学位的较大的学科，更表明恩格斯《自然辩证法》在中国的影响范围之大、程度之深。

二 | 重要的理论意义和现实意义

恩格斯是从构建完整的马克思主义理论体系的视角来看待和从事《自然辩证法》写作的。这就是说，自然辩证法和社会辩证法相互支撑才能构成完整的马克思主义理论体系。

《自然辩证法》的写作距今已有近 140 年时间，这期间发生了重大的科学革命、技术革命、产业革命和社会革命。但其基本思想对今天人们的自然观、科学技术观、科学认识论和方法论等等，仍有很大的启发和指导意义。

第一，《自然辩证法》在马克思主义理论体系中占有重要地位。当马克思倾注其主要精力完成《资本论》时，恩格斯则倾注巨大精力准备和写作《自然辩证法》。《资本论》的主要任务是揭示资本主义经济的运动规律，进而揭示人类社会的辩证法；《自然辩证法》则力图通过自然科学的发展揭示自然界的辩证法。自然辩证法和社会辩证法各是马克思主义辩证法的一翼，两个辩证法相互配合，再加上思维的辩证法才构成完整的马克思主义辩证法。事实上，恩格斯正是看到了自然辩证法在马克思主义理论体系中的重要地位，才会用多年的时间系统地学习和研究自然科学，掌握当时自然科学主要学科的最新进展，以便完成《自然辩证法》的写作。

尽管《自然辩证法》是一本没有完成的著作，但它仍是马克思主义自然辩证法诞生的标志；一是它论证了辩证唯物主义自然观取代形而上学自然观的历史必然性；二是它确立了新的自然观的主要内容和辩证法的若干范畴，如宇宙从星系到微粒可以分为无穷层次，时间、空间、运动和物质存在密切关系，把自然界的运动分为机械运动、物理运动、化学运动和生物运动，并且每一种运动都有其特殊的本质和物质承担者，各种运动形式能够相互转化；三是它总结了自然科学发展的规律性，如科学、技术和生产的关系，科学与哲学的关系，理论思维的重要性，科学发展的几何增长规律，人、自然、技术、社会协调发展，等等；四是它给出了一系列的科学预见，如原子可分，电运动的物质承担者（电子），边缘学科是重要的发展方向，等等。

第二，《自然辩证法》提出一些不仅有重要哲学意义而且有重要科学意义的观点。恩格斯在人类认识史上第一次科学地提出了生命的本质和起源，即生命是蛋白体的存在方式，如果人们能用化学方式制造蛋白质，那么就会显示生命现象，进行新陈代谢。恩格斯第一次科学地回答了从猿到人转变过程中的决定性因素和人与动物的根本区别。如劳动创造人本身；动物仅仅利用自然，而人则能够改变自然；等等。

第三，《自然辩证法》告诫人们，不能违背自然规律，破坏生态平衡，否则就要受到自然界的报复和惩罚。在当今科技发展迅猛、生态环境问题日益严重的情况下，恩格斯的告诫更显意义重大。

第四，《自然辩证法》的诞生是自然哲学发展史上的一次革命。它继承了古希腊自然哲学看待自然界的整体的和辩证的传统，吸收了黑格尔《自然哲学》的合理内核，利用当时自然科学的最新成就，提出和阐述了辩证唯物主义自然观，这对人们正确认识自然界的演化和发展，正确处理人与自然的关系有着重要的启发和指导意义。

第五，《自然辩证法》提出了科学技术发展的一些重要规律，较好地把握了科学、技术与生产的关系，阐述了交叉学科是科学技术发展的重要方向。例如，提出社会对技术的需要比 10 所大学更能推动科学的发展；揭示物理化学、生物化学等交叉学科会出现。这种正确的科学技术观对人们有效地推动科学技术发展很有启发意义。

第六，《自然辩证法》较好地把握了哲学与自然科学的关系。科学的哲学要以自然科学为基础，特别要概括最新的科技成果，形成哲学观点；自然科学研究则应以这种建立在科学的历史和最新成就基础上的哲学为指导。这里的关键是，既重视实证研究又不轻视理论思维，这对科学研究很有启发和指导意义。

第七，《自然辩证法》在批判地继承弗朗西斯·培根和笛卡尔以来科学认识论和方法论的基础上，特别是批判地改造黑格尔唯心主义辩证法的基础上，提出了辩证唯物主义的科学认识论和方法论，包括辩证法三大规律和一些范畴，如正确处理归纳与演绎、分析与综合、历史与逻辑等等的辩证关系。这些对今天的科研工作仍有启发和指导意义。

参考文献

[1] 中国人民大学、北京大学、北京师范大学《〈自然辩证法〉解说》编写组：《〈自然辩证法〉解说》，中国人民大学出版社 1982 年版。

[2] 刘珺珺、王玉兰著：《〈自然辩证法〉问题解答》，天津人民出版社 1980 年版。

[3] [苏] 勃·凯德洛夫：《论恩格斯〈自然辩证法〉》，殷登祥等译，生活·读书·新知三联书店 1980 年版。

[4] 龚育之：《〈自然辩证法〉在中国》（新编增订本），北京大学出版社 2005 年版。

[5] 王德胜主编：《画说恩格斯》，北京师范大学出版社 2005 年版。

[6] 许良英：《恩格斯〈自然辩证法〉的准备、写作和出版过程》，载于光远等译编《恩格斯〈自然辩证法〉》，人民出版社 1984 年版。

[7] 张国祺：《论〈自然辩证法〉在我国的传播历程——纪念恩格斯逝世 110 周年》，载《成都理工大学学报》（社会科学版）2006 年 12 月。

[8] 张富国、解恩泽、王慧秋：《自然辩证法在日本的早期传播和发展》，载《山东科技大学学报》（社会科学版）2001 年 12 月。

[9] 彭新然：《恩格斯与自然辩证法——纪念恩格斯逝世一百周年》，载《广东教育学院学报》1995 年第 3 期。